LES BAUX EMPHYTÉOTIQUES ADMINISTRATIFS

Grégory Berkovicz
Docteur en droit public
Avocat associé du cabinet GB2A

Armand Lang
Président de Juristatis,
fililale du groupe GB2A

LES BAUX EMPHYTÉOTIQUES ADMINISTRATIFS

LexisNexis®

LexisNexis SA
141, rue de Javel – 75015 Paris

Avertissement de l'Éditeur

Toute utilisation ou traitement automatisé, par des tiers, de données personnelles pouvant figurer dans cet ouvrage sont formellement interdits.

DANGER
LE
PHOTOCOPILLAGE
TUE LE LIVRE

Le logo qui figure sur la couverture de ce livre mérite une explication. Son objet est d'alerter le lecteur sur la menace que représente pour l'avenir de l'écrit, tout particulièrement dans les domaines du droit, de l'économie et de la gestion, le développement massif du photocopillage.

Le Code de la propriété intellectuelle du 1er juillet 1992 interdit en effet expressément la photocopie à usage collectif sans autorisation des ayants droit. Or, cette pratique s'est généralisée dans les établissements d'enseignement supérieur, provoquant une baisse brutale des achats de livres au point que la possibilité même pour les auteurs de créer des œuvres nouvelles et de les faire éditer correctement soit aujourd'hui menacée.

Siège social : 141, rue de Javel - 75015 Paris

ISBN 978-2-7110-1574-0

Liste des abréviations

AJDA	*Actualité juridique de droit administratif*
AOT	Autorisation d'occupation temporaire
BEA	Bail emphytéotique administratif
BEH	Bail emphytéotique hospitalier
CAA	Cour administrative d'appel
Cass. 1re civ.	Cour de cassation, 1re chambre civile
C. com.	Code de commerce
CE	Conseil d'État
CGCT	Code général des collectivités territoriales
CGI	Code général des impôts
CGPPP	Code général de la propriété des personnes publiques
CJCE	Cour de justice des Communautés européennes
CMD	Convention de mise à disposition
CMP	Code des marchés publics
Cons. const.	Conseil constitutionnel
C. rur.	Code rural
C. santé publ.	Code de la santé publique
Dir.	Directive
DSP	Délégation de service public
FCTVA	Fonds de compensation pour la taxe sur la valeur ajoutée
GACE	*Grands avis du Conseil d'État*
GAJA	*Grands arrêts de jurisprudence administrative*
Infra	ci-dessous
JO	*Journal officiel* (de la République française)
L.	Loi
MPS	Marché public de services
Ord.	Ordonnance
PPP	Partenariat public privé
Rec. CE	*Recueil des décisions du Conseil d'État*
Rép. min.	Réponse ministérielle
RFDA	*Revue française de droit administratif*
Supra	ci-dessus
TA	Tribunal administratif
T. confl.	Tribunal des conflits
V.	Voir

Sommaire

Introduction

1. – Depuis l'avènement en France des contrats de partenariat et leur progressive sophistication par un ensemble de textes législatifs et réglementaires, l'avenir des baux emphytéotiques administratifs (BEA) peut poser question.

Pourtant, les praticiens que nous sommes constatent quotidiennement le développement de ce mode contractuel déjà ancien. Deux explications peuvent être avancées : d'une part, la naturelle propension des pouvoirs publics – et des collectivités locales en particulier – à utiliser de préférence des outils juridiques rôdés et sécurisés et, d'autre part, la réelle efficacité de ce montage et son opérationnalité lorsque les projets en cause sont relativement simples et essentiellement bâtimentaires.

De par son caractère d'autorisation d'occupation du domaine public, le montage du BEA reste souplement encadré, afin de garantir une certaine liberté aux collectivités locales gestionnaire de leurs domaines. Ainsi, en adoptant le nouveau Code général de la propriété des personnes publiques, le législateur n'a pas souhaité profiter de l'occasion pour mettre en place une procédure de passation de ces contrats portant occupation du domaine public.

La loi n° 2002-1094 du 29 août 2002 de programmation et d'orientation pour la sécurité intérieure (LOPSI) a étendu le recours au BEA pour les besoins de la justice, de la police, et à la gendarmerie nationale ainsi qu'aux besoins d'un service départemental d'incendie et de secours. En effet, ces trois domaines accusaient un retard important d'équipements publics, et la loi est venue étendre le mécanisme du BEA afin de dynamiser l'équipement de ces secteurs. Par ailleurs et récemment, le nouveau Code général de la propriété des personnes publiques a étendu le recours au montage du BEA en vue de l'affectation à une association cultuelle d'un édifice de culte ouvert au public.

La loi n° 2010-853 du 23 juillet 2010 relative aux réseaux consulaires, au commerce, à l'artisanat et aux services a introduit au Code général de la propriété des personnes publiques, un nouvel article permettant à l'État et aux chambres de commerce et d'industrie de conclure des baux emphytéotiques administratifs.

La loi intervient ainsi afin de légitimer le recours au mécanisme du BEA dans ces secteurs où le besoin en équipement est latent.

Le montage du BEA, en s'attachant à une propriété domaniale d'une personne publique, lui permet d'optimiser l'utilisation de son parc immobilier, en utilisant celui-ci pour monter des projets d'intérêt général. Cette ressource publique que constituent les propriétés domaniales peut donc être au mieux valorisée par le montage du BEA.

Malgré un très large recours aux BEA sur l'ensemble du territoire français, il n'existe pas aujourd'hui de statistiques précises le concernant. Selon la réponse apportée par le ministère du Commerce, de l'Artisanat, des PME, du

Tourisme, et des Services de la consommation à la question posée par M. Jacques Domergue, député de l'Hérault, la Mission d'appui à la réalisation des contrats de partenariat public-privé (MAPPP) ne dispose pas d'informations statistiques relatives aux baux emphytéotiques administratifs, ni aux autres formes de partenariat public-privé autres que les contrats de partenariat public-privé *stricto sensu* (1).

2. – Si le montage contractuel du BEA semble devoir conserver sa souplesse en droit interne, la définition que donne le droit communautaire du marché public semble en soumettre la passation à un certain formalisme. C'est ainsi qu'au regard du droit communautaire tout au moins, il est acquis que les baux emphytéotiques, les AOT assorties d'une obligation de construction, les locations avec option d'achat, et sans doute d'autres contrats qui ont pour objet la réalisation, par quelque moyen que ce soit, d'un ouvrage répondant aux besoins précisés par le pouvoir adjudicateur, constituent des marchés publics des travaux.

Par ailleurs, ces contrats définis de plus en plus largement d'un point de vue matériel, se trouvent soumis aux obligations de publicité et de mise en concurrence quel que soit leur montant quand bien même celui-ci serait inférieur aux seuils d'application des directives communautaires.

Dès lors, la conservation de la définition française du marché public, faisant référence à l'exercice des attributs de la maîtrise d'ouvrage, n'est pas cohérente avec le droit communautaire de la commande publique. Cette spécificité française de la définition du marché public ne saurait être conservée indéfiniment, alors qu'elle entre en contradiction directe avec le droit communautaire.

De ce constat, étayé ces derniers temps par l'adjonction au dispositif encadrant l'utilisation des BEA en France de mesures renforçant la neutralité financière de ce dispositif par rapport à la maîtrise d'ouvrage publique ou aux contrats de partenariat eux-mêmes, nous avons cru devoir faire partager avec ceux qui étudient et pratiquent le droit public des affaires et ont nécessité de connaître ce montage, notre modeste expérience.

Celle-ci est le fruit de nombreuses années d'activités consacrées au conseil juridique et à l'expertise budgétaire, financière et comptable au service du secteur public.

Émaillé de références précises et de quelques réflexions plus fondamentales, notre ouvrage ne vise pas à devenir une référence doctrinale sur le sujet mais se veut un guide pratique et synthétique, agrémenté d'exemples concrets, destiné à appuyer le travail des juristes et des financiers qui, agents publics de collectivités ou de l'État, salariés de sociétés prestataires ou conseils, œuvrent chaque jour à concevoir et valoriser les projets publics et à en sécuriser la réalisation.

Il nous semble en effet qu'un tel *vade-mecum* n'existait pas dans le commerce et nous espérons qu'il vous sera utile et profitable.

---

(1) 13e législature, question n° 64 556 publiée au *Journal officiel* le 24 novembre 2009, p. 11026, réponse publiée au *Journal officiel* le 2 février 2010, p. 1104 (V. *infra*, Annexe 1).

Chapitre 1

RAPPEL DES FONDAMENTAUX DU MONTAGE EN BEA ET DE SA LOGIQUE

§ 1. – Comment se définit la nature administrative du BEA ?

3. – Le bail emphytéotique administratif (BEA) est une forme contractuelle issue du bail emphytéotique rural dont le régime est fixé par les dispositions de l'article L. 451-1 et suivants du Code rural.

L'article L. 451-1 du Code rural dispose ainsi que :

> « Le bail emphytéotique de biens immeubles confère au preneur un droit réel susceptible d'hypothèque ; ce droit peut être cédé et saisi dans les formes prescrites pour la saisie immobilière.
>
> Ce bail doit être consenti pour plus de dix-huit années et ne peut dépasser quatre-vingt-dix-neuf ans ; il ne peut se prolonger par tacite reconduction. »

4. – Le bail emphytéotique rural est une forme particulière de location d'immeuble qui a pour objet de conférer au preneur, l'emphytéote, un droit d'occupation du terrain appartenant au bailleur emphytéotique, mais surtout des droits réels consistant en les prérogatives et obligations du propriétaire sur les constructions qu'il va édifier sur ce terrain, pendant la durée du bail.

Ce droit réel particulier, appelé « emphytéose » en droit privé, confère à l'emphytéote des prérogatives plus étendues que le louage ordinaire d'immeuble. En effet, ce bail emphytéotique confère au preneur certains attributs du droit de propriété sur l'immeuble donné à bail.

Or, les principes d'inaliénabilité et d'imprescriptibilité du domaine public s'opposent à ce que de telles prérogatives soient accordées sur ce même domaine à un emphytéote privé.

En vertu de ces principes, le Conseil d'État a considéré, dans son arrêt *Eurolat* (1) rendu en 1985, que la conclusion d'un bail emphytéotique sur le domaine public était illégale, en tant qu'elle permettait la constitution de droits réels sur le domaine public, inaliénable et imprescriptible.

(1) CE, 6 mai 1985, n°s 41589 et 41699, *Assoc. Eurolat et Crédit Foncier de France.*

La jurisprudence judiciaire a également affirmé, peu de temps après le juge administratif, le caractère insaisissable du domaine public. En effet, dans son arrêt *Bureau de Recherches Géologiques et Minières* rendu en 1987, la première chambre civile de la Cour de cassation a estimé que :

> « s'agissant des biens appartenant à des personnes publiques, même exerçant une activité industrielle et commerciale, le principe de l'insaisissabilité de ces biens ne permet pas de recourir aux voies d'exécution de droit privé » (2).

C'est dans ce contexte que l'article 13 de la loi n° 88-13 du 5 janvier 1988 relative à l'amélioration de la décentralisation, codifié aux articles L. 1311-2 et suivants du Code général des collectivités territoriales (CGCT) (3), est intervenu pour autoriser, par exception, qu'une collectivité territoriale puisse conclure des baux emphytéotiques sur des immeubles lui appartenant, quand bien même ceux-ci seraient intégrés à son domaine public.

Ainsi, l'article L. 1311-2 du Code général des collectivités territoriales dispose que :

> « **Un bien immobilier appartenant à une collectivité territoriale peut faire l'objet d'un bail emphytéotique prévu à l'article L. 451-1 du Code rural,** en vue de l'accomplissement, pour le compte de la collectivité territoriale, d'une mission de service public ou en vue de la réalisation d'une opération d'intérêt général relevant de sa compétence ou en vue de l'affectation à une association cultuelle d'un édifice du culte ouvert au public ou, jusqu'au 31 décembre 2007, liée aux besoins de la justice, de la police ou de la gendarmerie nationales ainsi que d'un établissement public de santé ou d'une structure de coopération sanitaire dotée de la personnalité morale publique ou, jusqu'au 31 décembre 2010, liée aux besoins d'un service départemental d'incendie et de secours. **Ce bail emphytéotique est dénommé bail emphytéotique administratif** ».

Dès lors, le caractère « administratif » de ce bail emphytéotique le distingue des baux emphytéotiques passés entre des personnes privées.

En effet, le régime du BEA a été adapté aux spécificités de la passation d'un tel contrat par des personnes publiques.

A. – Le mécanisme du BEA

5. – Le BEA est nécessairement conclu pour une longue période, comprise entre dix-huit et quatre-vingt-dix-neuf ans (4).

Tout en accordant des droits réels sur son domaine (public ou privé), la collectivité bailleresse va confier à l'emphytéote la charge de concevoir, préfinancer, réaliser et éventuellement maintenir un équipement public ou un ouvrage, afin de valoriser son domaine public.

Dans ce montage contractuel, l'emphytéote est le seul maître d'ouvrage (5). Il assume donc l'ensemble des missions et attributions afférentes à cette qualité, et il est le seul responsable de l'exécution des travaux.

Il n'est cependant pas impératif, à l'inverse du bail à construction, d'imposer à l'emphytéote la construction même d'un ouvrage ou d'un équipement : il peut également être mis à sa charge une obligation de réhabiliter un bâtiment existant, ou encore la réalisation d'une opération d'intérêt général n'emportant pas construction d'un bâtiment.

---

(2) Cass. 1re civ., 21 déc. 1987, *Bureau de recherches géologiques et minières (BRGM) c/ Sté SA Lloyd continental* : *RFDA* sept.-oct. 1988, p. 771.

(3) V. *infra*, Annexe 2.

(4) C. rur., art. L. 451-1.

(5) V. en ce sens CE, 16 févr. 2005, n° 211039, *Cne de Hyères*.

6. – L'emphytéote est le propriétaire des ouvrages qu'il réalise, et ce pendant toute la durée du bail : ainsi, si l'objet du contrat est de permettre à une collectivité de profiter desdits ouvrages, l'emphytéote va les lui louer, par le biais d'une convention de mise à disposition des ouvrages réalisés. Cette convention, indissociable du BEA, détermine les droits et obligations des parties relatifs à la mise à la disposition de l'ouvrage réalisé (loyer, maintenance, entretien, partage des responsabilités...).

L'emphytéote rémunère donc ses investissements par le biais des loyers versés par la collectivité au titre de la convention de mise à disposition.

7. – À l'expiration du BEA et de la convention de mise à disposition qui en est indissociable, l'ouvrage réalisé devient la propriété de la collectivité bailleresse, sans qu'elle ait à verser une indemnité au preneur.

Il peut également être envisagé que l'emphytéote lui-même loue l'ouvrage qu'il a réalisé à un ou plusieurs tiers, sans conclure de convention de mise à disposition avec la collectivité elle-même.

Dans cette hypothèse, il appartient alors à l'emphytéote de supporter le risque locatif lié à la mise à disposition de l'ouvrage, puisque le tiers n'est pas tenu de louer le bien pour la durée entière d'un BEA, auquel il n'est pas partie. Il convient dès lors de rester vigilant quant à ne pas faire supporter à l'emphytéote un risque d'exploitation tel que le montage serait susceptible de recevoir la qualification de délégation de service public.

B. – L'encadrement du recours au BEA dans le respect des exigences de l'intérêt général

8. – Le régime juridique du BEA autorise une collectivité publique à consentir des droits réels sur une propriété publique, avec cette caractéristique particulière que ladite propriété, en raison de son affectation, peut relever d'un régime de domanialité publique. C'est la raison pour laquelle le législateur a voulu encadrer le recours au BEA.

Tout d'abord, les contrats de BEA ne peuvent pas porter sur des dépendances du domaine public des collectivités territoriales qui entreraient dans le champ d'application des contraventions de voirie.

Au contraire des autorisations d'occupation temporaire (AOT) (6), ainsi que des contrats de partenariat (7), les BEA ne permettent pas de constituer des droits réels sur de telles dépendances.

Par ailleurs, un BEA ne peut être consenti qu'en vue :

– de l'accomplissement, pour le compte d'une collectivité territoriale, d'une mission de service public ;

– de la réalisation d'une opération d'intérêt général entrant dans les compétences de la collectivité compétente ;

– de l'affectation à une association cultuelle d'un édifice de culte ouvert au public.

Le recours au BEA doit donc être justifié au regard des opérations d'intérêt général décrites ci-dessus. Par ailleurs, le législateur est intervenu pour appuyer le recours à ce montage contractuel dans certains secteurs spéci-

---

(6) V. Ord. n° 2006-460, 21 avr. 2006 codifiée à l'article L. 2122-20 du Code général de la propriété des personnes publiques et modifiant les articles L. 1311-5 à L. 1311-8 du Code général des collectivités territoriales.

(7) Ord. n° 2004-559, 17 juin 2004 modifiée par L. n° 2008-735, 28 juill. 2008, elle-même modifiant les articles L. 1414-1 et suivants du Code général des collectivités territoriales.

fiques, notamment dans les domaines de la justice, de la police et de la gendarmerie (pour davantage de précisions, V. *infra*, n° 46).

Enfin, ce droit réel consenti au preneur présente des caractéristiques particulières :

– il n'est cessible, avec l'autorisation de la collectivité concernée, qu'à une personne subrogée au preneur initial dans les droits et obligations découlant du bail ainsi que des conventions indissociables de ce bail ;

– il ne peut être hypothéqué que pour garantir des emprunts contractés en vue de financer la réalisation des ouvrages situés sur le bien loué. Le contrat constituant hypothèque doit, sous peine de nullité, être approuvé par la collectivité.

C. – La nature et l'objet du droit réel conféré par le BEA

9. – Ni le Code rural, ni le Code général des collectivités territoriales, ni le Code général de la propriété des personnes publiques (CGPP) ne définissent la nature exacte du droit réel (ou des droits réels) dont le bail emphytéotique emporte la création.

Les droits réels sont traditionnellement définis comme s'attachant à un bien, meuble ou immeuble, et non à une personne débitrice. Ils consistent en des démembrements du droit de propriété : ils permettent alors à une autre personne que le propriétaire de jouir et/ou d'user de la chose selon des modalités diverses.

L'article L. 1311-3 du Code général des collectivités territoriales dispose que :

> « 2° Le droit réel conféré au titulaire du bail **de même** que les ouvrages dont il est propriétaire sont susceptibles d'hypothèque uniquement pour la garantie des emprunts contractés par le preneur en vue de financer la réalisation ou l'amélioration des ouvrages situés sur le bien loué ».

Il ressort clairement de cette rédaction que **l'emphytéote est propriétaire, au moins temporairement, des constructions qu'il édifie sur le terrain donné à bail**. À l'instar du régime applicable au titulaire d'une autorisation d'occupation temporaire, l'emphytéote dispose des droits et obligations d'un propriétaire sur les constructions qu'il édifie, et ce pendant toute la durée du bail.

Selon l'analyse du professeur Gaudemet, le droit réel consacré pour les propriétés publiques peut être rapproché du **droit de superficie.** Celui-ci est défini, en droit civil, comme un droit appartenant à une autre personne que le propriétaire du sol sur ce qui se trouve dessus ou dessous (8).

Dans cette optique, l'emphytéote détient les prérogatives et obligations du propriétaire sur tout ce qui s'incorpore au terrain, sans devenir propriétaire du terrain lui-même.

On admet aujourd'hui, en droit privé, que le droit de superficie peut porter, tout en conservant sa nature de droit réel, sur le simple droit de construire, avant même toute construction (9). Il est ainsi susceptible d'hypothèque et de crédit-bail, en tant que droit réel immobilier, et il est cessible (10).

---

(8) V. en ce sens l'article du professeur Gaudemet, *Les droits réels sur le domaine public* : *AJDA* 2006, p. 1094.

(9) G. Goubeaux, *Abstraction et réalisme dans la détermination de l'objet de la propriété immobilière*, in *Mél. A. Weil*, 1983, p. 279.

(10) S. Pérignon, *Peut-on vendre des droits de construire ? : Defrénois* 1993, art. 35486.

10. – Dualité ou unicité d'objet du droit réel reconnu. Un débat doctrinal opposait les tenants d'une dualité du droit réel conféré par le BEA, portant à la fois sur les ouvrages et installations édifiés par l'emphytéote, mais aussi sur le terrain lui-même, aux tenants d'une unicité du droit réel conféré par le BEA, qui ne porterait que sur les installations construites.

Bien que la rédaction même de l'article L. 1311-3 du Code général des collectivités territoriales semble distinguer nettement la propriété des ouvrages d'une part, et un droit réel conféré par le bail d'autre part (« droit réel conféré au titulaire du bail **de même que** les ouvrages dont il est propriétaire (...) »), les auteurs semblent aujourd'hui s'accorder sur l'unicité du droit réel accordé, qui ne porterait que sur les constructions réalisées.

De manière pragmatique, les auteurs relèvent que ce qui importe pour le financement de l'investissement que l'occupant doit réaliser, c'est que celui-ci dispose de droits réels précisément sur ce qu'il doit financer : c'est-à-dire les constructions qu'il réalise sur la dépendance qui lui est donnée à bail :

> « La parenté du droit de superficie et du droit réel de l'occupant domanial, telle qu'on vient de la souligner, invite à régler ici la question souvent débattue de l'unicité ou de la dualité du droit réel reconnu au titre d'une occupation du domaine public. La thèse est en effet parfois avancée, au moins en doctrine, de la dualité des droits réels possiblement reconnus à l'occupant domanial, droit réel sur les constructions réalisées par lui, d'une part, droit réel sur le domaine occupé, d'autre part (...)
>
> Ce qui importe pour le financement de l'investissement que l'occupant doit réaliser, c'est que l'occupant dispose de droits réels sur ce qu'il doit financer et conserver au moins pour la durée du titre d'occupation, c'est-à-dire les constructions que celui-ci l'invite à réaliser. On ne voit pas, d'ailleurs, comment le droit sur les constructions pourrait être mobilisé si un droit réel de même nature était par ailleurs conservé sur le sol qui est désormais inclus dans ces constructions. L'objet du droit réel est évidemment et nécessairement la construction que l'occupant réalise sur le domaine et qu'il doit financer, laquelle – on l'observe au passage – incorpore nécessairement le sol du domaine public sur lequel il construit (...)
>
> En réalité, il ne s'agit en aucune façon d'un démembrement du bien (le sol, la construction), mais d'un démembrement du droit – de propriété – lequel porte uniformément sur la totalité des biens, les attributs de la propriété étant temporairement distribués entre un propriétaire initial et une sorte d'usufruitier à temps (comme l'est d'ailleurs nécessairement l'usufruit du droit civil). Cette lecture est désormais celle du nouveau code » (11).

M. Bachelier et Mme Maugüé nuancent cependant cette vision unitaire du droit réel : le titulaire a un droit sur les ouvrages ainsi qu'un droit d'occupation qui peut être valorisé indépendamment de la réalisation d'ouvrage. Cependant, à partir du moment où des ouvrages ont été réalisés, le droit de superficie ne pourra plus être valorisé de façon autonome :

> « la dissociation de la cession du droit d'occuper et de la propriété des ouvrages n'aurait aucun sens, il n'y a pas de dissociation possible entre le droit de superficie et les ouvrages » (12).

Cette nuance semble aussi être apportée par M. Gaudemet qui souligne que le droit de superficie peut porter sur le droit de construire, indépendamment de toute construction, et qu'il est susceptible d'hypothèque et de crédit-bail et est cessible.

Ainsi, il apparaît que l'emphytéote est titulaire au moins d'un droit d'occupation du terrain, dont l'avantage est de ne pas être précaire et révocable à la manière des autorisations d'occupation du domaine public classique. Cette stabilité du droit d'occupation et les droits réels de l'emphytéote détenus sur

---

(11) Article du Professeur Gaudemet, cité *supra*.

(12) C. Maugüé et G. Bachelier, *Genèse et présentation du Code général de la propriété des personnes publiques : AJDA* 2006, p. 1073.

les ouvrages qu'il construit lui permettent de présenter les garanties nécessaires à la mobilisation de financements.

D. – Le caractère administratif par détermination de la loi du BEA

11. – Le BEA est un contrat administratif par détermination de la loi : l'article L. 1311-3 du Code général des collectivités territoriales dispose que les litiges relatifs aux BEA relèvent de la compétence des tribunaux administratifs.

La collectivité territoriale dispose, en raison de la nature administrative des BEA, même dans le silence du contrat :

– du droit de **résilier unilatéralement le contrat,** soit à titre de sanction, soit pour un motif d'intérêt général ;

– du droit de **modifier unilatéralement le bail,** sans toutefois porter atteinte aux droits pécuniaires du preneur qui constituent la base d'équilibre financier du bail, sauf à indemniser le preneur ;

– d'un **pouvoir de contrôle et de direction** dans l'exécution du contrat (contrôle de l'exécution conforme aux stipulations contractuelles, pouvoir d'enjoindre au cocontractant de respecter ses obligations contractuelles).

Cette nature administrative s'attache également à la convention de mise à disposition. En effet, à plusieurs reprises la jurisprudence a reconnu le caractère indivisible de deux conventions dont la seconde constitue un complément de la première ou n'a de sens qu'en considération de la première. La conséquence de l'indivisibilité de cette seconde convention étant sa qualification de contrat administratif. Notamment, le juge administratif a mis en évidence ce caractère indivisible dans l'affaire *Eurolat* précitée rendue le 6 mai 1985 (13).

Le Conseil d'État précise alors que :

> « Considérant que par convention du 10 juillet 1972 le syndicat intercommunal pour la création et la gestion provisoire de maisons de retraite publiques intercommunales dans les communes de l'ancien canton de Boissy-Saint-Léger a confié à l'Association Eurolat la création et la gestion d'un foyer-logement pour personnes âgées valides et handicapées sur un terrain situé à Villiers-sur-Marne qu'il lui louait par bail emphytéotique ; qu'en contrepartie de son apport foncier, l'Association mettait à la disposition du syndicat un certain nombre de lits destinés à l'hébergement des personnes âgées qui lui seraient désignées par le syndicat et associait celui-ci à la gestion de l'établissement ; que si les modalités du bail emphytéotique, prévu par l'article 1er de cette convention, ont été définies par un document ultérieur, en date du 20 décembre 1973, *ces deux conventions forment un ensemble indivisible et ont pour objet de confier à l'Association l'exécution d'une mission de service public ; que les juridictions administratives sont donc compétentes pour connaître des litiges auxquelles elles donnent lieu.* »

Par suite, lorsqu'une convention de BEA est suivie d'une convention qui a pour objet de mettre à la disposition les locaux édifiés, en vertu de ce BEA, à une collectivité publique, la seconde convention est subordonnée à la conclusion du BEA. Cette seconde convention est alors dite « indivisible » de la convention de BEA et relève donc de la compétence du juge administratif acquérant de ce fait la qualification de contrat administratif (14).

---

(13) V. *supra*, nos 3 et s.

(14) Dans le même sens avec une convention de mise à disposition de locaux et un bail emphytéotique : T. confl., 7 oct. 1991, n° 02651, *CROUS de l'Académie de Nancy-Metz.*

§ 2. – Quels sont les objectifs de ce montage contractuel ?

12. – L'exception ainsi instituée permet donc aux collectivités territoriales de consentir à des personnes privées un droit d'occupation qui ne soit ni précaire ni révocable, ainsi que des **droits réels sur les immeubles édifiés** sur le domaine public.

En effet, le BEA est conclu pour une durée comprise entre dix-huit et quatre-vingt-dix-neuf ans : aussi, l'occupation consentie n'a pas le caractère précaire que peut présenter la traditionnelle autorisation d'occupation du domaine public.

En permettant aux collectivités locales de conclure des BEA qui sécurisent la situation de l'emphytéote, le législateur a voulu permettre à ces derniers d'être en mesure de présenter les garanties nécessaires à la mobilisation des financements privés. Ce mécanisme a pour objet de permettre aux collectivités d'optimiser la gestion de leurs dépendances domaniales, en reconnaissant à ces dépendances une valeur propre à supporter le financement d'ouvrages améliorant le fonds.

En effet, la reconnaissance à l'occupant domanial des attributs du propriétaire est source pour lui de valeur : il peut céder en tout ou partie de ses droits réels (dans les limites toutefois du titre et de ce que permet le service public en cause, l'agrément préalable de la collectivité est d'ailleurs nécessaire), il peut développer une gestion patrimoniale active, il peut consentir des sûretés réelles comme support de financement ou pour valoriser les utilisations de la propriété publique, il peut recourir au mécanisme de crédit-bail pour financer la réalisation des ouvrages. Enfin, par le jeu de l'accession, il acquiert sur tout ouvrage édifié sur le terrain donné à bail les droits et prérogatives d'un propriétaire.

Cette exception a donc pour but de permettre la constitution de droits réels sur des dépendances appartenant à une personne publique, au bénéfice des investisseurs privés, dans l'optique d'amener des capitaux privés à préfinancer des équipements publics.

13. – Aussi, le BEA est unanimement considéré comme le premier partenariat public-privé, puisqu'il a pour objet d'amener les investisseurs privés à financer des équipements publics.

A. – Les caractéristiques du montage en BEA

14. – Le bail emphytéotique administratif recouvre un certain nombre de caractéristiques qui sont de nature à en faire un partenariat public-privé.

– Des droits réels sont accordés au preneur privé sur les ouvrages qu'il réalise, pour une longue durée. Leur stabilité et celle du droit d'occupation parallèlement consenti permettent à l'emphytéote de présenter les garanties nécessaires au financement des ouvrages.

– L'emphytéote va assurer le préfinancement, la conception, la réalisation ou la réhabilitation, et éventuellement la maintenance d'un ouvrage répondant au moins en partie aux besoins décrits par la personne publique.

– L'emphytéote exerce seul l'ensemble des missions du maître d'ouvrage.

– Pendant toute la durée du bail, la collectivité, ou une personne tierce, va louer à l'emphytéote les ouvrages qu'il a réalisés. Les loyers versés par la collectivité permettent à l'emphytéote de rémunérer son investissement.

– Une convention de mise à disposition indissociable du BEA détermine les conditions de cette location de l'ouvrage (charge de la maintenance, montant des loyers dus par la personne publique, objectifs performantiels éventuels, partage des risques...).

– À l'issue du BEA, tous les ouvrages réalisés sur le terrain d'assise du BEA reviennent en pleine propriété à la collectivité, sans que celle-ci n'ait à reverser une indemnité à l'emphytéote.

B. – Le caractère simple ou complexe du montage en BEA

15. – L'article L. 1311-2 du Code général des collectivités territoriales envisage en effet, dans son alinéa second, deux utilisations possibles du bail emphytéotique administratif (15).

Il convient dès lors de distinguer le recours à la seule convention de BEA par une collectivité territoriale du recours à la convention de BEA couplée à une convention non détachable.

Le recours à la seule convention de BEA constitue un simple titre d'occupation. Un titre qui autorise ainsi une personne privée à exécuter, pour le compte d'une personne publique, une mission de service public ou une opération d'intérêt général.

En revanche, le BEA s'analyse en un contrat complexe lorsqu'il est couplé à une convention non détachable (16). Le BEA est alors qualifié de montage complexe dans trois grandes hypothèses : la réalisation d'une opération d'intérêt général, comme la restauration d'un monument historique suivie d'une exploitation de ce dernier ; la construction d'un bâtiment mis à la disposition de la collectivité (17) ; l'hypothèse où la convention de BEA couplée à une convention d'exploitation constitue une forme particulière de concession dont les opérations de construction, entretien et maintenance seraient distinguées de l'exploitation même du service public (18).

---

(15) « Un tel bail peut être conclu même si le bien sur lequel il porte, en raison notamment de l'affectation du bien résultant **soit du bail ou d'une convention non détachable de ce bail,** soit des conditions de la gestion du bien ou du contrôle par la personne publique de cette gestion, constitue une dépendance du domaine public, sous réserve que cette dépendance demeure hors du champ d'application de la contravention de voirie ».

(16) Sur le rapprochement des notions de complexité et d'indivisibilité, se reporter à la jurisprudence évoquée *supra*, n° 11.

(17) Ce montage a bénéficié d'une reconnaissance jurisprudentielle avec l'arrêt *Société Sofap-Marignan Immobilier* rendu par le Conseil d'État le 25 février 1994 (n°s 144641 et 145406).

(18) Sur les obligations de mise en concurrence de ces contrats : se reporter au chapitre 3, *infra*, n°s 47 et s.

Chapitre 2

LE CHAMP D'APPLICATION DU BEA

§ 1. – Qui sont les bailleurs publics potentiels ?

16. – Au sens de l'article 13 de la loi n° 88-13 du 5 janvier 1988, le BEA est une convention exclusivement réservée aux collectivités territoriales. L'ordonnance n° 2003-850 du 4 septembre 2003 a élargi toutefois ce régime dérogatoire aux règles de la domanialité publique aux établissements publics de santé et aux structures de coopération sanitaire.

En tout état de cause, un BEA ne peut être conclu que par une personne publique ayant qualité pour aliéner le bien (1). Par suite, cette personne publique doit être propriétaire du bien, objet du bail, ou détenir le pouvoir d'aliéner celui-ci sans en être propriétaire.

A. – L'État

17. – Jusqu'à la loi n° 2010-853 du 23 juillet 2010 relative aux réseaux consulaires, au commerce, à l'artisanat et aux services, il était impossible à l'État de recourir au BEA.

En effet, les dispositions de la loi n° 88-13 du 5 janvier 1988, instituant le régime du BEA, **n'ont pas vocation à s'appliquer au profit de l'État et de ses établissements publics** et, plus précisément, à l'égard du domaine public national. Cette solution a été confirmée par le Conseil d'État à propos de l'Office national des anciens combattants, lequel ne peut valablement conclure un bail emphytéotique sur son domaine public (2).

Plutôt que d'étendre au domaine public national le régime des baux emphytéotiques administratifs, le législateur avait préféré instaurer, pour l'État et ses établissements publics, un régime spécifique de droits réels administratifs par la loi n° 94-631 du 25 juillet 1994 (3). Cependant, l'État pouvait légalement conclure un bail emphytéotique de droit privé sur les dépendances de son domaine privé.

---

(1) CE, 11 mars 2005, n° 269941, *Cne de Trélans*.
(2) CE, avis, 22 juin 1993, n° 353205.
(3) CGPP, art. L. 2122-5 et s.

L'article 11 de la loi n° 2010-853 du 23 juillet 2010 relative aux réseaux consulaires, au commerce, à l'artisanat et aux services a introduit au Code général de la propriété des personnes publiques, un nouvel article permettant à l'État et aux chambres de commerce et d'industrie de conclure des baux emphytéotiques administratifs.

En effet, l'article L. 2341-3 au Code général de la propriété des personnes publiques dispose :

« I. – Un bien immobilier appartenant à l'État ou à un établissement public mentionné au onzième alinéa de l'article L. 710-1 du Code de commerce, au premier alinéa de l'article 5-1 du Code de l'artisanat ou à l'article L. 510-1 du Code rural et de la pêche maritime peut faire l'objet d'un bail emphytéotique prévu à l'article L. 451-1du même code, en vue de sa restauration, de sa réparation ou de sa mise en valeur. Ce bail est dénommé bail emphytéotique administratif.

Un tel bail peut être conclu même s'il porte sur une dépendance du domaine public.

Il peut prévoir l'obligation pour le preneur de se libérer du paiement de la redevance d'avance, pour tout ou partie de la durée du bail.

II. – Lorsque le bien objet du bail emphytéotique fait partie du domaine public de la personne publique, le bail conclu en application du I satisfait aux conditions particulières suivantes :

1° Les droits résultant du bail ne peuvent être cédés, avec l'agrément de la personne publique propriétaire, qu'à une personne subrogée au preneur dans les droits et obligations découlant de ce bail et, le cas échéant, des conventions non détachables conclues pour la réalisation de l'opération ;

2° Le droit réel conféré au preneur et les ouvrages dont il est propriétaire ne peuvent être hypothéqués qu'en vue de garantir des emprunts contractés par le preneur pour financer la réalisation des obligations qu'il tient du bail ; le contrat constituant l'hypothèque doit, à peine de nullité, être approuvé par la personne publique propriétaire ;

3° Seuls les créanciers hypothécaires peuvent exercer des mesures conservatoires ou des mesures d'exécution sur les droits immobiliers résultant du bail. La personne publique propriétaire peut se substituer au preneur dans la charge des emprunts en résiliant ou en modifiant le bail et, le cas échéant, les conventions non détachables ;

4° Les modalités de contrôle de l'activité du preneur par la personne publique propriétaire sont prévues dans le bail ;

5° Les constructions réalisées dans le cadre de ce bail peuvent donner lieu à la conclusion de contrats de crédit-bail. Dans ce cas, le contrat comporte des clauses permettant de préserver les exigences du service public.

III. – L'une ou plusieurs de ces conditions peuvent également être imposées au preneur lorsque le bien fait partie du domaine privé de la personne publique. »

Cette disposition s'inspire de la faculté analogue reconnue, de manière générale, aux collectivités territoriales depuis plus de vingt ans (CGPP, art. L. 1311-2 et s.). Désormais, l'État, au même titre que les collectivités territoriales, peut conclure des baux emphytéotiques administratifs sur son domaine public, alors que cette possibilité était jusqu'alors écartée par le législateur et par le Conseil d'État (CE, avis, 3 nov. 2009, n° 383248). Ainsi, l'État peut optimiser sa gestion patrimoniale en offrant à ses cocontractants le bénéfice d'un droit réel étendu sur les immeubles qu'ils sont autorisés à occuper au titre d'un bail emphytéotique.

B. – Les collectivités territoriales

18. – Conformément à l'article L. 1311-2 du Code général des collectivités territoriales, un bail emphytéotique administratif peut être conclu par une **collectivité territoriale.**

Par là il faut entendre, selon l'article 72 de la Constitution, « les communes, les départements, les régions, les collectivités à statut particulier et les collectivités d'outre-mer ». Pour ces dernières, le régime des baux emphytéotiques administratifs n'est applicable que si la loi le prévoit expressément.

En l'absence de dispositions législatives qui leur soient spécifiques, le bail emphytéotique administratif ne peut pas être conclu dans les départements d'outre-mer (4). Les seules dispositions du Code général de la propriété des personnes publiques relatives aux baux emphytéotiques et applicables à l'Outre-mer concernent le domaine privé de l'État : il s'agit des baux emphytéotiques à vocation agricole conclus sur le domaine privé de l'État en Guyane (5) et des baux emphytéotiques conclus sur le domaine privé de l'État au profit des personnes physiques, en vue de leur mise en valeur agricole à Mayotte (6).

C. – Les groupements de ces collectivités et leurs établissements publics locaux

19. – L'article L. 1311-4 du Code général des collectivités territoriales ajoute que les règles relatives au bail emphytéotique administratif sont applicables **aux établissements publics des collectivités territoriales et aux groupements de ces collectivités.**

Cela ouvre notamment le champ des BEA à l'ensemble des établissements publics de coopération intercommunale et aux syndicats mixtes.

D. – Les établissements publics de santé et les structures de coopération sanitaire

20. – Le Conseil d'État a considéré qu'il découlait de l'article L. 1311-4 du Code général des collectivités territoriales que le régime des baux emphytéotiques administratifs était :

> « applicable à ceux **des établissements publics de santé qui sont communaux, intercommunaux, départementaux,** dès lors que ces établissements ne sont pas expressément exclus du champ d'application de ce texte et qu'il n'existe pas d'incompatibilité entre lesdites dispositions et les caractéristiques particulières du régime juridique des établissements publics de santé » (7).

Dès lors, ces établissements publics de santé pouvaient avoir recours au BEA prévu par les articles L. 1311-2 et suivants du Code général des collectivités territoriales.

21. – Cependant, l'ordonnance n° 2003-850 du 4 septembre 2003 a instauré **un régime spécifique pour les baux emphytéotiques administratifs dans le secteur hospitalier,** codifié aux articles L. 6148-2 et suivants du Code de la santé publique (8). Ces baux sont dénommés Baux Emphytéotiques Hospitaliers (BEH).

22. – Ces baux sont désormais ouverts à **tous les établissements publics de santé** (même ceux rattachés à une collectivité territoriale qui pouvait déjà passer un BEA de droit commun, en vertu de l'avis précité du Conseil d'État), locaux ou nationaux, ainsi qu'**aux structures de coopération sanitaire** dotées de la personnalité morale publique.

À l'inverse, les établissements privés de santé et notamment les structures de coopération sanitaire dotées de la personnalité morale de droit privé ne

(4) Ph. Terneyre, *Bail emphytéotique*, Dalloz Action, coll. « Droit de la construction », 2007-2008, n° 150-90, p. 130.

(5) CGPP, art. L. 5141-1 et L. 5141-3.

(6) CGPP, art. L. 5332-5.

(7) CE, avis, ass., 16 juin 1994, n° 356101.

(8) V. *infra*, Annexe 3.

peuvent conclure qu'un bail emphytéotique de droit privé et non un BEH (ni même un BEA).

En sa qualité de loi spéciale, le BEH exclut que les établissements publics de santé et les structures de coopération sanitaire dotées de la personnalité morale de droit public puissent avoir recours au BEA de droit commun, prévu par les articles L. 1311-2 et suivants du Code général des collectivités territoriales.

Il est important de noter que les articles instituant le BEH prévoient une procédure de publicité et de mise en concurrence spécifique, au contraire des textes applicables au BEA de droit commun.

§ 2. – Un BEA peut-il être conclu par deux collectivités territoriales ?

23. – Dans sa rédaction initiale, l'article 13 de la loi du 5 janvier 1988 limitait la conclusion des baux emphytéotiques administratifs « en faveur d'une personne privée ». Il en découlait l'interdiction de conclure de tels baux entre personnes publiques et donc de se servir du BEA comme d'un instrument de coopération entre personnes publiques, ce qui pouvait être dommageable, notamment dans le secteur hospitalier.

S'il est vrai que cette contrainte pouvait parfois être contournée en recourant à une société d'économie mixte, le législateur est intervenu pour la lever. En effet, la rédaction de l'article L. 1311-2 du Code général des collectivités territoriales, telle qu'issue de la loi n° 2002-1094 du 29 août 2002 d'orientation et de programmation pour la sécurité intérieure ne fait plus référence à cette condition.

Désormais, l'article L. 1311-2, applicable de façon générale au contrat de BEA, n'impose plus que ce contrat soit conclu avec une personne privée. Il en va de même de l'article 6148-2 du Code de la santé publique, s'agissant des baux emphytéotiques administratifs conclus par des établissements de santé.

Un tel bail peut donc être passé avec toute personne publique. Par conséquent, s'il est acquis que l'État ne peut être bailleur, il peut toutefois être emphytéote.

§ 3. – Sur quelles propriétés publiques un BEA peut-il être conclu ?

24. – La question de l'assiette foncière du BEA peut conduire à s'interroger sur trois points distincts.

Le premier concerne l'origine même de ce bail. En effet, le BEA est issu d'un aménagement du bail rural de l'article L. 451-1 du Code rural. Son caractère dérogatoire a ainsi été motivé par l'impossibilité de conférer des droits réels au preneur sur le domaine public. Qu'en est-il de la conclusion d'un bail emphytéotique sur le domaine privé d'une collectivité territoriale ?

Cette question des droits réels sur le domaine public en amène une autre qui en découle directement. En effet, le droit réel est l'instrument essentiel qui autorise des investissements par des personnes privées sur ce domaine immobilier. Qu'en est-il si c'est une personne publique et non une personne privée qui prend la place de l'emphytéote ?

Enfin, la loi du 5 janvier 1988 a posé dès l'origine une limite au champ d'application du bail emphytéotique administratif : l'exclusion du domaine qui entre dans le champ des contraventions de voirie.

A. – BEA et domaine public/domaine privé des collectivités locales

25. – Tant l'article L. 1311-2 du Code général des collectivités territoriales que l'article L. 6148-2 du Code de la santé publique restreignent l'objet du bail emphytéotique à **un bien immobilier.**

Il peut s'agir tant de terrains nus que de constructions dès lors qu'elles présentent un caractère d'ouvrage immobilier.

Cet immeuble doit appartenir à l'une des personnes publiques susceptibles d'avoir la qualité de bailleur (9).

26. – Il peut relever du domaine privé d'une collectivité territoriale, qui n'est pas protégé par les principes applicables au domaine public. Auparavant, dès lors qu'un BEA était conclu sur le domaine privé d'une collectivité locale, et qu'il intéressait une opération d'intérêt général ou une mission de service public, la jurisprudence considérait, par anticipation, que la parcelle était affectée à un service public, et ainsi qu'elle appartenait au domaine public de la collectivité (10).

Ceci amenait les auteurs à contester qu'un BEA puisse être conclu sur le domaine privé d'une personne publique, puisque sa seule conclusion affectait cette dépendance à un service public, intégrant ainsi cette dépendance dans le domaine public.

Mais la nouvelle définition du domaine public, inscrite au Code général de la propriété des personnes publiques par l'ordonnance n° 2006-460 du 21 avril 2006, relative à la partie législative du même code, prive d'effet cette conception de la domanialité publique par anticipation. Par ailleurs, le Code général de la propriété des personnes publiques pose de nouveaux critères d'appartenance au domaine public plus réducteurs.

Aussi, la seule conclusion d'un BEA sur une dépendance domaniale ne la fait pas automatiquement entrer dans le champ de la domanialité publique.

Enfin, l'existence du BEA n'empêche pas les collectivités publiques de conclure, sur leur domaine privé, des baux emphytéotiques de droit commun : elles disposent donc d'une option entre le BEA et le bail emphytéotique rural de droit privé. Cette option leur permet de conclure, sur le domaine privé, des baux emphytéotiques de droit privé, qui autorisent l'exercice d'activités de nature privée (11).

Dans le cadre de la conclusion d'un bail emphytéotique privé, sur leur domaine privé, les collectivités locales ne sont pas alors tenues de justifier des conditions de recours au BEA (l'accomplissement d'une mission de service public ou la réalisation d'une opération d'intérêt général).

27. – Par ailleurs, la loi autorise expressément la conclusion de BEA « même sur des dépendances du domaine public ». C'est d'ailleurs l'objectif premier de la loi de 1988 autorisant les personnes publiques à consentir des droits réels sur leurs propriétés : valoriser leur domaine public, en contournant leur statut parfois trop protecteur (inaliénabilité et imprescriptibilité).

---

(9) V. *supra*, n°s 16 et s.

(10) Jurisprudence *Eurolat* et *Crédit Foncier de France* rendue par le Conseil d'État en 1985 : V. *supra*, n° 4.

(11) V. en ce sens CAA Bordeaux, 14 févr. 2006, n° 03BX01554, pour une centrale hydroélectrique, et CAA Nancy, 23 mars 2006, n° 04NC00215, pour une unité de production de matériaux enrobés et recyclés.

La personne publique ne peut conclure qu'un BEA sur son domaine public : elle ne pourrait pas envisager de passer un bail emphytéotique rural sur son domaine public. Le bail emphytéotique conclu sur une parcelle appartenant au domaine public est ainsi nécessairement régi par les articles L. 1311-2 du Code général des collectivités territoriales.

Cependant, l'article L. 1311-2 dudit code exclut toujours le recours au BEA pour les immeubles du domaine public entrant dans le champ d'application des contraventions de voirie.

B. – Les conditions du recours à un BEA unique sur le domaine de deux collectivités territoriales distinctes

28. – En application de l'article L. 1311-2 du Code général des collectivités territoriales (12), une collectivité territoriale ne peut conclure un BEA que sur le domaine qui lui appartient.

Aussi, dans l'hypothèse où un tel domaine comporterait deux parcelles appartenant à deux collectivités distinctes, il est envisageable que celles-ci concluent conjointement un même BEA sur ce même domaine, à condition que cela soit en vue de l'accomplissement d'une mission de service public intéressant ces deux collectivités et pour laquelle elles seraient compétentes, ou de la réalisation d'une opération d'intérêt général entrant dans les compétences de ces deux collectivités intéressées.

C. – L'exclusion des dépendances entrant dans le champ d'application des contraventions de voiries

29. – Les BEA ne peuvent pas porter sur des dépendances du domaine public des collectivités territoriales qui entrent dans le champ d'application des contraventions de voirie. Ces dépendances comprennent :

– le domaine public routier : c'est-à-dire, les voies régulièrement classées comme voies publiques des collectivités territoriales et leurs accessoires (aires de service, de repos, de stationnement, trottoirs) ;

– les voies ferrées d'intérêt local, auxquelles doivent être assimilés les tramways et les remontées mécaniques ;

– le domaine public fluvial, les canaux et les ports fluviaux relevant des régions ;

– le domaine public aéroportuaire des collectivités locales (aires de mouvement des aéronefs, voies d'accès, aérogares, hangars) ;

Une réponse ministérielle (13) indique que :

> « des ports créés par les communes, dans la mesure où ils constituent une dépendance domaniale entrant dans le champ d'application de la contravention de voirie, sont par conséquent exclus du dispositif visé à l'article L. 1311-2 du Code général des collectivités territoriales. »

Cette position a été confirmée par le Conseil d'État, dans une décision du 30 avril 2004 (14), à propos d'un bail emphytéotique conclu par une commune afin de permettre la construction d'un immeuble de neuf logements sociaux par la SA d'HLM. Ce contrat portait sur plusieurs parcelles dont l'une, à la

---

(12) « Un bien immobilier appartenant à une collectivité territoriale peut faire l'objet d'un bail emphytéotique (...) ».

(13) Question Assemblée nationale n° 18805, réponse publiée au *JO* le 20 mars 2000, p. 1863 (V. *infra*, Annexe 4).

(14) CE, 30 avr. 2004, n° 253372, *SCI Ferrand*.

date de la signature, était affectée à la circulation publique et constituait de ce fait une dépendance de la voirie routière. Cette circonstance a eu pour conséquence de rendre illégale la décision de conclure ce bail.

30. – Cette exclusion des dépendances entrant dans le champ d'application des contraventions de voirie n'a plus de sens aujourd'hui, compte tenu de la possibilité pour les collectivités territoriales d'accorder des AOT constitutives de droits réels sur l'entier domaine public artificiel. Celui-ci comprend en effet le domaine public résultant du travail de l'homme : ainsi, la plupart des dépendances entrant dans le champ d'application des contraventions de grande voirie relèvent du domaine public artificiel, et peuvent donc être l'objet d'une AOT constitutive de droits réels.

Par ailleurs, l'ordonnance du 17 juin 2004 relative aux contrats de partenariat modifiée par la loi n° 98-735 du 28 juillet 2008 prévoit expressément que ceux-ci peuvent comporter une autorisation d'occupation du domaine public constitutive de droits réels, et ce, sans restreindre cette possibilité en excluant les dépendances du domaine public soumises à contravention de voirie (15).

§ 4. – Pour quels projets un BEA peut-il être conclu ?

31. – Le champ d'application du BEA a fait l'objet d'une limite légale en vertu de l'article 13 de la loi n° 88-13 du 5 janvier 1988. Néanmoins, il a également été prévu des applications sectorielles en matière de sécurité intérieure et d'édifices cultuels notamment.

A. – Les notions d'opération d'intérêt général et de missions de service public

32. – De manière générale, tout bien immobilier appartenant à une collectivité territoriale ne peut faire l'objet d'un BEA qu'en vue :

– de l'accomplissement, pour le compte de la collectivité territoriale, **d'une mission de service public ;**

– de la réalisation d'une **opération d'intérêt général** relevant de sa compétence.

1° La notion d'« en vue de l'accomplissement d'une mission de service public » relevant de la compétence de la personne publique bailleresse

33. – Le BEA pourra être conclu pour toute opération nécessaire à un service public local.

Le BEA est particulièrement utilisé pour la réalisation d'équipements publics techniques : ainsi, c'est un contrat fréquemment utilisé pour la construction d'usines d'incinération pour le traitement des déchets, pour la construction de cuisines centrales et cantines dans le domaine de la restauration scolaire, et pour la construction de stations d'épuration.

Le BEA est également utilisé pour le montage juridique des zones industrielles ou commerciales impliquant la construction d'ateliers relais.

Affirmer qu'un BEA peut être conclu « en vue de l'accomplissement d'une mission de service public » conduit à une incertitude juridique.

En effet, le montage contractuel approprié pour confier la gestion d'une mission de service public même à un partenaire privé est la délégation de

(15) CGCT, art. L. 1414-16.

service public. La loi impose que dans le cadre d'une DSP, il appartient au délégataire de supporter les risques de l'exploitation du service.

L'objet « en vue de l'accomplissement d'une mission de service public » autorisant le recours au BEA rend donc floue la frontière entre le modèle contractuel de la DSP et celui du BEA.

Dans l'avis précité en date du 16 juin 1994, le Conseil d'État avait eu l'occasion de préciser que :

« **un bail emphytéotique ne constituant, par lui-même,** ni un marché de travaux publics **ni, du moins en cas de mission limitée du preneur, une délégation de service public,** les mesures de publicité et de concurrence prévues aux articles 38 et 48 de la loi n° 93-122 du 29 janvier 1993 ne lui sont, en principe, pas applicables ».

34. – La conclusion d'un BEA « en vue de l'accomplissement d'une mission de service public » suppose donc que la personne publique confie une mission très accessoire du service public (comme l'hébergement purement hôtelier de malades, ne nécessitant aucun soin médical). Par ailleurs, le fait de faire supporter sur l'emphytéote les risques d'exploitation d'une telle mission fragilise beaucoup le recours au BEA : par souci de sécurité juridique, une délégation de service public devra être préférée.

Aussi est-il nécessaire d'analyser au cas par cas si l'objet du BEA conclu « en vue de l'accomplissement d'une mission de service public » répond à la définition d'une délégation de service public, auquel cas la passation d'un tel contrat doit nécessairement suivre la procédure spécifique codifiée aux articles L. 1411-1 et suivants du Code général des collectivités territoriales.

2° Les opérations d'intérêt général

35. – Si elle est parfois en lien avec une activité de service public, la réalisation d'une opération d'intérêt général s'entend d'une activité qui présente un degré suffisant d'utilité publique sans pouvoir pour autant être qualifiée de service public.

Par ailleurs, une opération d'intérêt général consiste à confier une activité sans imposer au contractant des sujétions d'organisation telles que l'activité puisse être érigée en service public.

36. – Le BEA utilisé en vue de la réalisation d'une opération immobilière, par laquelle un ouvrage est mis à la disposition d'une collectivité locale elle-même pour les besoins de son service, présente le caractère d'une opération d'intérêt général.

Ainsi, le Conseil d'État a considéré que le fait, pour la ville de Lille, de consentir un BEA en vue de l'agrandissement de son hôtel de ville, alors même que cet agrandissement s'insérait dans un ensemble immobilier dont 70 % était laissé à la libre utilisation du promoteur, était légal dès lors que l'ouvrage communal, c'est-à-dire l'hôtel de ville, était mis à la disposition de la ville (16).

Le fait que l'hôtel de ville ait été réalisé par ce montage, et soit mis à disposition de la ville, a donc conféré un caractère d'intérêt général à l'opération immobilière dans son ensemble : le recours au montage contractuel du BEA était donc justifié.

37. – Le juge administratif a pu considérer qu'un BEA conclu pour la réalisation d'un complexe sportif destiné à la pratique du tennis et à l'organisation de compétitions présentait le caractère d'une opération d'intérêt général.

---

(16) CE, sect., 25 févr. 1994, *Sté Sofap-Marignan Immobilier*, citée *supra*.

Le juge administratif a précisé à cette occasion que, si l'intérêt général de la promotion et le développement des activités physiques et sportives est reconnu par la loi n° 84-610 du 16 juillet 1984, le contrat par lequel une association est tenue de conserver la destination des lieux et de réaliser un programme de constructions dans un délai de dix ans, n'a pas pour objet de confier une mission de service public au cocontractant dans la mesure où le :

> « bail ne comporte aucune clause relative à la gestion de l'équipement existant ou à construire, ni au contrôle de la collectivité sur la conception et la réalisation des travaux » (17).

38. – Il a également été jugé qu'un BEA ayant pour objet la rénovation d'un casino municipal présentait le caractère d'une opération d'intérêt général (18).

39. – Un BEA ayant pour objet l'aménagement et l'exploitation d'un terrain de golf a pu être considéré comme présentant un caractère d'intérêt général (19).

40. – L'installation d'un bar cafétéria dans un équipement culturel, dans la mesure où l'aménagement de celui-ci « se rattache directement à l'opération d'intérêt général que constitue la réalisation d'un équipement culturel polyvalent », a pu justifier le recours au montage contractuel du bail emphytéotique administratif (20).

41. – L'assemblée générale du Conseil d'État, saisie pour avis, a également considéré que présentaient un caractère d'intérêt général les opérations confiant à l'emphytéote :

> « **l'hébergement purement hôtelier** exploité par une personne privée et dépourvu de surveillance médicale, offert à proximité immédiate de l'hôpital à des patients qui relèvent de l'hospitalisation de jour, notamment de la chirurgie ambulatoire, et dont l'état de santé ne requiert pas une hospitalisation complète » (21).

42. – Dans le même avis, le Conseil d'État a exposé que :

> « les établissements publics de santé peuvent conclure un bail emphytéotique en vue de **la construction ou de l'entretien de bâtiments** pour le compte du bailleur et de la **fourniture de diverses prestations non médicales de service,** dès lors que ces engagements ont un lien direct et nécessaire avec l'exécution du service public hospitalier ».

43. – Le Conseil d'État a admis qu'un BEA puisse être envisagé pour servir de support à l'implantation d'un équipement médico-technique lourd, utilisé par un établissement privé et par un établissement public hospitalier, dès lors, d'une part que cela correspondait à un besoin que ce dernier ne pouvait satisfaire seul, et d'autre part, que les patients de ce dernier disposaient d'un droit d'accès prioritaire (22).

3° Absence d'intérêt général

44. – À l'inverse, dans certains cas, le juge administratif a refusé de reconnaître qu'un BEA était passé en vue de l'accomplissement d'une opération d'intérêt général (et *a fortiori* pour l'accomplissement d'une mission de service

---

(17) CAA Marseille, 5 févr. 2001, n° 97MA05293, *Préfet des Alpes-Maritimes.*
(18) CE, 10 juin 1994, n° 141633, *Cne de Cabourg.*
(19) CAA Lyon, 25 mai 1999, n° 95LY00614, *SA Domaine et golf du Lavandou.*
(20) TA Strasbourg, 6 mai 2000, *Riegert c/ Ville de Strasbourg : BCJP* 14/2001, p. 83.
(21) CE, avis, ass., 16 juin 1994, n° 356101.
(22) CE, avis, 24 janv. 1995 : *EDCE* n° 47, p. 467.

public) en raison de l'absence de stipulations contractuelles précisant les obligations du preneur, ainsi que le droit de contrôle de la personne publique bailleresse.

Ainsi, le bail passé avec une association pour la restauration de locaux communaux, sans pour autant assigner au preneur aucune obligation de service public, et sans instituer aucun contrôle de la commune sur l'activité de l'association pour les lieux en cause, n'est pas conclu en vue de la réalisation d'une opération d'intérêt général ou en vue de l'accomplissement d'une mission de service public (23).

45. – De même, si la conclusion du bail ne vise qu'à satisfaire un intérêt particulier, aucun caractère d'intérêt général ne pourra lui être reconnu.

Ainsi, un établissement public de santé qui envisage de conclure un BEA pour permettre à un médecin libéral d'occuper son domaine ne vise qu'à satisfaire l'intérêt particulier du médecin, qui profiterait ainsi d'« un avantage concurrentiel certain » (24).

B. – Objets définis par la loi et limités dans le temps

46. – Le législateur a fréquemment élargi les objectifs susceptibles de justifier la conclusion de tels contrats.

• L'article 3 de l'ordonnance du 21 avril 2006 a introduit la possibilité de conclure des baux en vue de l'affectation à une association cultuelle d'un édifice de culte ouvert au public.

De nombreux BEA ont été rapidement conclus, et portent notamment sur la réalisation de mosquées. Ces contrats, intervenant dans un domaine social tendu, ont déjà suscité des contentieux permettant d'avoir une première idée de l'attitude du juge administratif sur cet objet du BEA (25) (jurisprudence fournie notamment quant à la mise à disposition gratuite ou avantageuse du terrain : V. partie sur la redevance d'occupation domaniale, *infra*, n°s 122 et s.).

• La loi n° 2002-1094 du 29 août 2002 relative à l'orientation et à la programmation en matière de sécurité intérieure a permis d'office le recours au BEA jusqu'au 31 décembre 2007, en vue de la réalisation d'une opération d'intérêt général liée aux besoins de la justice, de la police ou de la gendarmerie nationale (26) ainsi que d'un établissement public de santé ou d'une structure de coopération sanitaire dotée de la personnalité morale publique ou, jusqu'au 31 décembre 2010, en vue d'une opération liée aux besoins d'un service départemental d'incendie et de secours.

Ces dispositions ont permis de faire réaliser, par le biais de ce montage, non seulement des locaux de gendarmerie, mais aussi des habitations mises à la disposition des gendarmes (l'opération d'intérêt général devant simplement « être liée aux besoins de la justice, de la police ou de la gendarmerie nationale »).

---

(23) TA Marseille, 21 déc. 1990, *Grangeon*.

(24) CE, ass., 16 juin 1994, avis préc. n° 356 101.

(25) V. partie du *vade-mecum* relative à la détermination de la redevance emphytéotique.

(26) L'article 119 de la loi n° 2007-1822 du 24 décembre 2007 de finances pour 2008 a prévu que : « Les opérations de construction liées aux besoins de la gendarmerie nationale et de la police nationale, dont le principe a été approuvé avant le 31 décembre 2007 par décision des ministres compétents, peuvent faire l'objet d'un bail emphytéotique administratif, dans les conditions prévues à l'article L. 1311-2 du Code général des collectivités territoriales, jusqu'au 31 décembre 2008 ».

Chapitre 3

LA PROCÉDURE DE PASSATION D'UN BEA ET DE LA CONVENTION DE MISE À DISPOSITION INDISSOCIABLE

47. – Dans le cadre de la phase préparatoire à la procédure de passation du bail emphytéotique administratif, la loi n° 2008-735 du 28 juillet 2008 a posé, dans certaines hypothèses, l'obligation pour les collectivités territoriales de réaliser une évaluation préalable avant d'arrêter définitivement leur choix sur la conclusion d'un BEA.

Le nouvel article L. 1615-13 du Code général des collectivités territoriales introduit par l'article 38 de la loi de 2008 précitée dispose ainsi que :

« La collectivité territoriale ou l'établissement public, qui a passé un bail emphytéotique prévu à l'article L. 1311-2 d'un montant inférieur à un seuil fixé par décret **et ayant donné lieu à une évaluation préalable dans les conditions prévues par l'article L. 1414-2,** bénéficie d'attributions du fonds de compensation pour la taxe sur la valeur ajoutée (...) ».

Dès lors, la réalisation d'une évaluation préalable s'impose désormais comme un préalable à toute collectivité territoriale qui souhaite bénéficier du FCTVA pour son projet de BEA.

En tout état de cause, l'obligation de réaliser une évaluation préalable reste circonscrite à l'entrée du projet dans le champ d'application du FCTVA. L'évaluation préalable demeure donc facultative lorsque la collectivité ne souhaite pas, ou n'est pas en droit, de bénéficier du FCTVA pour la réalisation de son montage en bail emphytéotique administratif (opérations non assujetties, montant du projet supérieur au seuil...) (1).

(1) Ce point fera l'objet d'un développement : V. *infra*, n°s 138 et s.

§ 1. – Quelles sont les obligations de publicité en matière de BEA ?

48. – Le principe veut qu'en matière de gestion du domaine public, une certaine liberté existe afin de permettre aux collectivités de disposer librement de leurs biens.

Cependant, devant la forme complexe du montage du BEA, qui ne permet pas seulement l'occupation du domaine public, mais aussi bien souvent la réalisation d'équipements publics, parfois entraînant des investissements importants, il apparaît que soumettre la passation de ces contrats à une procédure de publicité et de mise en concurrence est de nature à promouvoir la meilleure valorisation du domaine public possible.

Ainsi, la procédure de passation des BEH s'inspire particulièrement de la procédure prévue par l'ordonnance relative aux contrats de partenariat modifiée par la loi du 28 juillet 2008. Elle est décrite très précisément par le Code de la santé publique.

Aucun texte ne prévoit cependant la procédure applicable à la passation des BEA de droit commun. Ils sont pourtant soumis au respect des principes de publicité et de mise en concurrence en tant qu'ils sont des marchés publics de travaux au sens du droit communautaire.

49. – Il importe de distinguer entre la passation des BEA « de droit commun », prévus par les articles L. 1311-2 du Code général des collectivités territoriales, et la passation des BEH, prévue aux articles L. 6148-2 du Code de la santé publique.

A. – Le BEA de droit commun

50. – Les textes régissant le bail emphytéotique lui-même, c'est-à-dire le Code général des collectivités territoriales ainsi que le Code général de la propriété des personnes publiques, ne soumettent pas la conclusion d'un bail emphytéotique au respect d'une procédure spécifique de mise en concurrence.

En matière de conventions d'occupation domaniale, cette liberté de gestion n'exclut pas toute mise en concurrence. Les instances communautaires sont intervenues pour poser un principe de publicité lorsque ces conventions permettent l'exercice d'une activité économique.

Selon la Commission européenne :

> « tout acte, qu'il soit contractuel ou unilatéral, par lequel une entité publique confie la prestation d'une activité économique à un tiers est à examiner à la lumière des règles et des principes découlant du traité, notamment en matière de liberté d'établissement et de libre prestation de services (articles 43 et 49 du traité CE), ces principes incluant notamment les principes de transparence (publicité), d'égalité de traitement (mise en concurrence), de proportionnalité et de reconnaissance mutuelle, opposables à toute entité publique ».

Ces principes fondamentaux s'appliquent même dans le cas où les contrats en cause n'entrent pas dans le champ d'application des directives européennes relatives à la commande publique (2). Ils s'appliquent donc notamment aux BEA, même si le montant HT de ceux-ci reste en deçà des seuils fixés par les directives communautaires.

Ainsi, et même en l'absence de prescription expresse du droit français, les collectivités publiques doivent-elles choisir leur partenaire contractuel en res-

---

(2) CJCE, 7 déc. 2000, aff. C-324/98, *Telaustria et Telefonadress*.

pectant des formalités minimales, et préalables, de publicité et de mise en concurrence, lorsqu'elles lui confient une prestation d'une activité économique. Cette interprétation communautaire a été confirmée par le juge administratif français.

Les limites à la liberté de passation d'un BEA sont cependant d'une autre nature que celle qui vient d'être exposée : en effet, ce contrat, s'il est une occupation du domaine public, est spécifique puisqu'il a vocation à répondre aux besoins exprimés par la personne publique.

51. – La première limite à cette liberté résulte du droit français. La seconde vient du droit communautaire.

1° En droit français

52. – En droit français, l'occupation privative du domaine public peut être soumise au respect des règles de publicité et de mise en concurrence, spécifiques à certains contrats. Cela est vrai dès lors que l'autorisation domaniale constitutive de droits réels n'est qu'un élément de l'un de ces contrats.

Par exemple, si un BEA prévoit comme rémunération du titulaire le droit d'exploiter directement l'ouvrage, et que l'exploitation de cet ouvrage est assimilable à l'exploitation du service public lui-même, ce BEA risque alors d'être requalifié de **délégation de service public** (pour un exemple de BEA couplé d'un contrat de concession) (3).

Dès lors que l'emphytéote est considéré comme exploitant à ses risques et périls un service public, et qu'il tire une part substantielle de ses revenus de l'exploitation même de ce service, il est nécessaire d'être extrêmement attentif à la qualification du contrat.

En effet, dès lors que le BEA est couplé d'une délégation de service public, la procédure de passation d'un tel contrat doit nécessairement respecter la procédure de publicité, de mise en concurrence et de négociation prévue par la loi n° 93-122 du 29 janvier 1993 modifiée relative à la prévention de la corruption et à la transparence de la vie économique et des procédures publiques.

Les **contrats de partenariat**, institués par l'ordonnance n° 2004-559 du 17 juin 2004 modifiée par la loi du 28 juillet 2008, prévoient la possibilité d'être accompagnés d'une autorisation d'occupation constitutive de droits réels, à l'image du mécanisme du BEA. Ces contrats doivent respecter la procédure de publicité, de mise en concurrence, et de choix du cocontractant prévue par cette ordonnance.

53. – Le BEA peut aussi être requalifié en marché public, au sens du Code des marchés publics français, si la collectivité bailleresse reçoit la qualification de maître d'ouvrage dans le cadre du BEA.

En effet, selon une jurisprudence bien établie, les contrats qui comportent le paiement d'un prix par la collectivité, maître de l'ouvrage, sont des marchés publics (4).

Par ailleurs, le Conseil d'État, dans un avis rendu le 18 juin 1991 (5), a estimé qu':

« un contrat ayant pour objet la réalisation ou la réhabilitation ainsi que le gros entretien ultérieur d'un bâtiment public, et prévoyant le versement, au titulaire du contrat, d'une

(3) CAA Paris, 13 avr. 2006, n° 01PA02304, *Sté Sogeres*.
(4) CE, 26 nov. 1971, *SIMA* : *Rec. CE* 1971, p. 723.
(5) CE, avis, 18 juin 1991 : *GACE* n° 35.

rémunération forfaitaire périodique par la personne publique contractante, doit être regardé comme un marché de travaux publics en droit interne ».

Dans le cas évoqué par l'avis, la personne publique était maître de l'ouvrage réalisé.

Si le mécanisme du BEA suppose que la qualité de maître d'ouvrage ne soit reconnue qu'à l'emphytéote, il se peut qu'un montage mal réalisé aboutisse à la reconnaissance de la qualité de maître d'ouvrage à la personne publique.

La loi n° 85-704 du 12 juillet 1985 relative à la maîtrise d'ouvrage publique définit le maître d'ouvrage comme « la personne (...) pour le compte de laquelle l'ouvrage est construit ».

Le Conseil d'État, par un avis n° 356960 du 31 janvier 1995 (6), a synthétisé les critères d'identification du maître d'ouvrage :

« Une pareille qualification ne peut être conférée à la collectivité publique preneuse, dès lors que cette collectivité n'assure pas la direction technique des actions de construction et ne devient propriétaire de l'ouvrage qu'au terme du contrat de location. En effet, elle ne joue, ni pendant la réalisation de l'ouvrage, ni avant le terme fixé, le rôle de maître d'ouvrage. »

Il ressort de la loi et de cet avis du Conseil d'État que, pour reconnaître à une personne la qualité de maître d'ouvrage, trois critères cumulatifs doivent être remplis :

– la personne doit être celle pour le compte de laquelle l'ouvrage est construit ;

– la personne doit assurer la direction technique des travaux ;

– la personne doit devenir propriétaire de l'ouvrage dès son achèvement.

Si dans le cadre du BEA, le dernier critère a peu de chances d'être jamais rempli, il convient cependant de rester prudent, notamment quant aux pouvoirs de direction technique des travaux qu'une personne publique peut désirer conserver.

Dans le cas où la qualité de maître d'ouvrage serait reconnue à la personne publique, la passation du BEA devrait impérativement respecter les mesures de publicité et de mise en concurrence, ainsi que les procédures de choix du cocontractant imposées par le Code des marchés publics.

En effet, la cour administrative d'appel de Bordeaux a jugé dans un arrêt du 9 novembre 2004 (7) que la méconnaissance des procédures de passation d'un marché public constituait une faute de nature à entraîner la responsabilité de la personne publique.

Celle-ci ne peut s'exonérer en invoquant que le titulaire du marché a accepté de signer les contrats irréguliers, puisqu'elle avait la maîtrise de la procédure de passation desdits contrats.

Aussi, la méconnaissance des règles de passation des marchés publics n'entraîne pas seulement leur illégalité : la personne publique peut être tenue alors responsable, et indemniser à ce titre le contractant privé du préjudice qu'il subit du fait de l'illégalité des marchés signés avec elle.

C'est une jurisprudence sévère, qui devrait amener les collectivités à toujours plus de prudence, compte tenu des implications que pourrait avoir pour elles la reconnaissance d'une telle responsabilité.

54. – Par ailleurs, l'article 9 de la loi n° 91-3 du 3 janvier 1991 relative à la transparence et à la régularité des procédures de marchés et soumettant la

(6) CE, avis, 31 janv. 1995, n° 356960.
(7) CAA Bordeaux, 9 nov. 2004, n° 01BX00381, *SODEGIS*.

passation de certains contrats à des règles de publicité et de mise en concurrence dispose que :

« Fait l'objet de mesures de publicité définies par décret en Conseil d'État la passation des contrats dont le montant est égal ou supérieur à un seuil fixé par arrêté du ministre chargé de l'économie **dont l'objet est de réaliser tous travaux de bâtiment** ou de génie civil et que se proposent de conclure, **lorsque la rémunération de l'entrepreneur consiste en tout ou partie dans le droit d'exploiter l'ouvrage, les collectivités territoriales, leurs établissements publics autres que ceux à caractère industriel ou commercial,** (...) ».

55. – Le Conseil d'État a déjà considéré qu'un BEA ayant pour objet la réalisation d'un casino municipal, assorti d'un droit d'exploitation directe du casino par le biais d'une convention de financement non détachable, répondait aux conditions posées par cet article 9 de la loi du 3 janvier 1991 (8). Ce contrat devait respecter les mesures de publicité et de mise en concurrence posées par le décret n° 92-311 du 31 mars 1992, alors applicable, dès lors que son montant dépassait un certain seuil.

2° En droit communautaire

56. – Pour les BEA dont le montant dépasse 4 845 000 € HT. La directive n° 2004/18/CE du 31 mars 2004 relative à la coordination des procédures de passation des marchés publics des travaux, de fournitures et de services porte, entre autres, sur les contrats ayant pour objet « la réalisation, par quelque moyen que ce soit d'un ouvrage répondant aux besoins précisés par le pouvoir adjudicateur ».

Si la transposition de la directive n° 2004/18/CE en droit français s'est traduite par l'entrée en vigueur du nouveau Code des marchés publics le 1er septembre 2006, celui-ci n'a pas adopté la définition communautaire du marché public : aussi, en droit français, le marché public de travaux reste défini par l'exercice, par la personne publique, de la maîtrise d'ouvrage sur le bâtiment objet du marché.

Cependant, le juge de droit commun de la loi communautaire reste le juge national français, qui peut estimer que la directive s'applique directement dans l'ordre juridique français si elle n'est pas transposée dans les délais, et que la précision de sa rédaction permet une application directe du texte.

Or, la formule issue de la directive n° 2004/18/CE est susceptible de faire entrer dans le champ de la directive les contrats qui prévoient un transfert différé de propriété au profit du pouvoir adjudicateur, ou dans lesquels la personne publique n'exerce pas la maîtrise d'ouvrage, comme c'est le cas dans le BEA.

À ce propos, il est indispensable de noter que le juge communautaire retient une conception extensive de la notion de « besoins du pouvoir adjudicateur » auxquels le marché public de travaux répond.

En effet, dans un arrêt récent (9), le juge communautaire a considéré qu'une convention d'aménagement devait être qualifiée de marché de travaux dès lors qu'elle avait pour objet de dynamiser un quartier de la ville, répondant alors aux « besoins précisés par le pouvoir adjudicateur » comme l'exige la directive, et dès lors que la rémunération, pourtant dépendant en partie de la revente à des tiers, ne fait pas en l'espèce supporter de risque au cocontractant en raison d'une garantie apportée par la commune. Cette jurisprudence est

(8) CE, 10 juin 1994, n° 141633, *Cne de Cabourg.*
(9) CJCE, 18 janv. 2007, n° C-220-05, *Jean Auroux e.a c/ Cne de Roanne.*

extensive à la fois sur le critère de l'objet et sur le critère financier du marché de travaux. Néanmoins, cette conception n'est pas nécessairement celle du juge interne.

Dès lors, par mesure de sécurité juridique, la passation d'un bail emphytéotique administratif doit être précédée d'une procédure de publicité conforme aux exigences de la directive n° 2004/18/CE, puisque la définition communautaire du marché public de travaux est susceptible de comprendre le bail emphytéotique français.

Le bailleur doit notamment procéder à la publication d'un avis au *Journal officiel de l'Union européenne* qui doit être strictement conforme au modèle fixé par la directive du 11 septembre 2001 et repris dans l'arrêté du 4 décembre 2002 transposant celle-ci.

Le Conseil d'État a précisé que toutes les rubriques figurant dans ces modèles doivent être renseignées.

Mais ces obligations ne concernent que les contrats dont le montant des travaux est supérieur à 4 845 000 € HT : ce seuil communautaire est défini par l'article 7 de la directive n° 2004/18/CE pour les marchés de travaux. Ces obligations ne concernent donc pas les baux de plus faible ampleur, ce qui constitue un très net avantage pour ces contrats.

La directive n° 93/37/CEE du Conseil du 14 juin 1993 portant coordination des procédures de passation des marchés publics de travaux s'applique tant aux marchés qu'aux concessions de travaux publics. Il en va de même de la nouvelle directive n° 2004/18/CE du Parlement et du Conseil du 31 mars 2004 relative à la coordination des procédures de passation des marchés publics de travaux, de fournitures et de services qui remplace la précédente, au plus tard le 31 janvier 2006 (art. 82).

Si ces deux types de contrats se distinguent quant au mode de rémunération du cocontractant, dès lors que dans la concession « la contrepartie des travaux consiste soit uniquement dans le droit d'exploiter l'ouvrage, soit dans ce droit assorti d'un prix » (art. 1er, point 3), ils se caractérisent par un objet identique, à savoir « soit l'exécution, soit conjointement la conception et l'exécution de travaux..., soit la réalisation, par quelque moyen que ce soit, d'un ouvrage répondant aux besoins précisés par le pouvoir adjudicateur » (art. 1er, point 2 b).

La référence aux contrats ayant pour objet « la réalisation, par quelque moyen que ce soit, d'un ouvrage répondant aux besoins précisés par le pouvoir adjudicateur » est, par son caractère extensif, susceptible d'englober des montages contractuels complexes qui échappent à la qualification de marchés publics, au sens du droit interne.

Notamment, cette formule semble susceptible de faire entrer dans le champ de la directive les contrats qui prévoient un transfert différé de propriété au profit du pouvoir adjudicateur comme c'est le cas dans le bail emphytéotique administratif.

Le Conseil d'État a admis qu'un bail emphytéotique administratif, accompagné d'une convention de financement des travaux de rénovation d'un casino municipal réalisés en contrepartie du droit d'exploiter l'ouvrage soit qualifié de concession de travaux au sens de la « Directive Travaux » et de la loi, modifiée, n° 91-3 du 3 janvier 1991 qui procède à sa transposition en droit interne (CE, ass., 10 juin 1994, *Cne Cabourg*).

Il n'en découle cependant pas nécessairement que tous les baux emphytéotiques administratifs constituent de telles concessions de travaux publics.

En effet, il convient, tout d'abord, de se demander si un tel contrat ne peut pas être qualifié de marché public.

Cela suppose que le preneur soit rémunéré par un prix versé par le bailleur, ce qui semble apparemment peu compatible avec l'économie traditionnelle d'un bail emphytéotique administratif.

Pour autant, on peut s'interroger sur le point de savoir si tel ne pourrait pas être le cas lorsque le bail a pour objet exclusif la construction d'un ouvrage, selon les prescriptions du bailleur et destiné à être sous-loué à celui-ci pendant toute la durée du bail conformément à un engagement ferme pris par le bailleur sur ce point.

Dans ce cas, les loyers versés au preneur pourraient se rapprocher d'un prix dans la mesure où le risque d'exploitation qui pèse sur le preneur est des plus réduits.

Ce raisonnement semble bien confirmé par le législateur qui a soumis les baux emphytéotiques du secteur hospitalier à une procédure de passation directement inspirée de celle des marchés publics (C. santé publ., art. L. 6148-5 à L. 6148-5-1).

À l'inverse, il est également possible de s'interroger sur le point de savoir si certains baux emphytéotiques n'échappent pas aux directives communautaires. Cette interrogation tient au fait que les marchés et les concessions de travaux doivent avoir pour objet la réalisation « d'un ouvrage répondant aux besoins précisés par le pouvoir adjudicateur » (Dir. n° 2004/18/CE, art. 1er, point 2 b).

Il en découle que les ouvrages à réaliser doivent être décrits avec suffisamment de précision par le pouvoir adjudicateur et qu'il ne suffit pas que celui-ci ait fixé des objectifs à atteindre (CJCE, 19 avr. 1994, aff. C-331/92, *Gestion Hotelera Internacional*).

Or, un bail emphytéotique administratif peut, malgré sa nécessaire finalité d'intérêt général, laisser au preneur une liberté suffisante pour que les ouvrages à réaliser soient considérés comme ne répondant pas aux besoins précisés par le pouvoir adjudicateur.

Lorsque le bail emphytéotique et les conventions qui l'accompagnent peuvent être qualifiés de concessions de travaux, le régime de passation de celles-ci doit être respecté.

Il en découle, lorsque le montant des travaux est supérieur aux seuils déclenchant les procédures communautaires prévues par la directive n° 2004/18/CE, que la passation du bail doit être précédée d'une procédure de publicité conforme aux exigences du titre 1er du décret, modifié, n° 92-311 du 31 mars 1992.

Il importe tout particulièrement de souligner que le bailleur doit procéder à la publication, au *Journal officiel de l'Union européenne*, d'un avis de concession ou des travaux, lequel doit être strictement conforme au modèle d'avis fixé par la directive du 13 septembre 2001 et repris dans l'arrêté du ministre de l'Économie, des Finances et de l'Industrie du 4 décembre 2002, transposant celle-ci.

57. – Pour les BEA d'un montant inférieur à 4 845 000 € HT. Une communication interprétative de la Commission (10), publiée au *Journal officiel de l'Union européenne* le 1er août 2006, est venue préciser les principes devant présider à la passation des marchés dont le montant est inférieur au seuil d'application définis par les directives « marchés publics », soit 4 845 000 € HT.

(10) Communication interprétative de la Commission relative au droit communautaire applicable aux passations de marchés non soumises ou partiellement soumises aux directives « marchés publics » : *JO* C-179, 1er août 2006, p. 2-7.

La Commission rappelle dans cette communication que la Cour de justice des Communautés européennes a déjà explicitement affirmé que :

> « bien que certains contrats soient exclus du champ d'application des directives communautaires dans le domaine des marchés publics, les pouvoirs adjudicateurs les concluant sont, néanmoins, tenus de respecter les règles fondamentales du traité » (11).

Cette communication condense les apports de différents arrêts de la Cour de justice des Communautés européennes, et notamment les apports de l'arrêt *Telaustria* du 7 décembre 2000 (12).

58. – Deux points sont particulièrement soulignés.

Tout d'abord, les principes d'égalité de traitement et de non discrimination impliquent une obligation de transparence qui consiste à garantir, en faveur de tout soumissionnaire potentiel, un degré de publicité adéquat informant les candidats potentiels de l'ouverture de la procédure d'attribution du BEA, et permettant ainsi leur mise en concurrence.

La Communication indique ensuite les formes de publicité qu'elle recommande, et qui permettent une diffusion qui soit accessible à tous les candidats potentiels.

Ainsi, outre les journaux officiels nationaux ou les publications locales, la publication d'une annonce sur le site internet du pouvoir adjudicateur paraît être une solution intéressante pour la Commission.

La Commission indique que cette obligation de publicité n'implique pas l'organisation d'un appel d'offres formel : la publicité peut donc se limiter à une description succincte des éléments essentiels du marché à attribuer et de la procédure d'adjudication, accompagnée d'une invitation à prendre contact avec l'entité adjudicatrice.

Ensuite, la Commission rappelle que dans l'arrêt *Telaustria*, la Cour de justice des Communautés européennes a affirmé qu'outre l'obligation de publicité, l'obligation de transparence consistait également à garantir l'impartialité des procédures d'adjudication.

Ainsi, la Commission préconise le respect des principes suivants :

– une description non discriminatoire de l'objet du marché ;

– l'égalité d'accès au marché pour les opérateurs économiques de tous les États membres ;

– la reconnaissance mutuelle des diplômes, certificats et autres titres ;

– la fixation de délais appropriés pour répondre au marché ;

– une approche transparente et objective ;

– la limitation du nombre de candidats admis à soumissionner en fonction de critères objectifs (tels que leurs capacités technique et professionnelle) ;

– la décision d'attribution du marché doit respecter les principes de non discrimination et d'égalité de traitement des candidats.

59. – Enfin, il est à noter qu'une jurisprudence récente du Conseil d'État (13) a considéré qu'un marché public soumis au Code des marchés publics, mais dont le montant ne dépassait pas les seuils établis par ce code, devait, en raison de son objet, faire l'objet d'une publicité particulière, et non seulement régionale.

En effet, il s'agissait de l'implantation à Lens d'une annexe du musée du Louvre : si le montant de ce marché, 35 000 €, ne soumettait le pouvoir adjudi-

(11) CJCE, 3 déc. 2001, aff. n° C-59/00, *Ben Mousten Vestergaard*.

(12) Aff. C-324/98, citée *supra*.

(13) CE, 7 oct. 2005, n° 278732, *Antenne du Musée du Louvre à Lens*.

cateur à aucune procédure formalisée, son objet imposait qu'il en soit fait une publicité dépassant le cadre régional.

Pour le moment, cette jurisprudence n'a été rendue qu'en application du droit français. Cependant, elle inaugure l'idée selon laquelle un marché peut exiger une publicité particulière en raison de son objet, même si son montant ne dépasse pas les seuils qui lui sont applicables.

Ainsi, des opérations menées en montage BEA, et dont l'objet aurait un rayonnement européen, exigeraient une publicité communautaire.

3° Recommandations

60. – En l'état de la jurisprudence administrative, il convient d'adopter une attitude prudente.

Le tribunal administratif de Versailles (14) a récemment considéré « que si, à l'exception des baux emphytéotiques administratifs conclus par un établissement public de santé ou une structure de coopération sanitaire, les dispositions précitées de l'article L. 1311-2 du Code général des collectivités territoriales ne soumettent pas la signature d'un bail emphytéotique administratif à une exigence spécifique de publicité et de transparence, la signature d'un tel contrat n'est pas pour autant exclue du champ d'application des règles fondamentales posées par le traité sur l'Union européenne, qui soumettent l'ensemble des contrats conclus par les pouvoirs adjudicateurs aux obligations minimales de publicité et de transparence propres à assurer l'égalité d'accès à ces contrats ; que le degré de publicité et de transparence de la procédure mise en œuvre par les pouvoirs adjudicateurs doit être adéquat au regard de l'objet, du montant financier et des enjeux économiques du contrat ».

Cependant, le Conseil d'État (15) a estimé « qu'aucune disposition législative ou réglementaire ni aucun principe n'imposent à une personne publique d'organiser une procédure de publicité préalable à la délivrance d'une autorisation ou à la passation d'un contrat d'occupation d'une dépendance du domaine public, ayant dans l'un ou l'autre cas pour seul objet l'occupation d'une telle dépendance ; qu'il en va ainsi même lorsque l'occupant de la dépendance domaniale est un opérateur sur un marché concurrentiel ; Considérant que si, dans le silence des textes, l'autorité gestionnaire du domaine peut mettre en œuvre une procédure de publicité ainsi que, le cas échéant, de mise en concurrence, afin de susciter des offres concurrentes, en l'absence de tout texte l'imposant et de toute décision de cette autorité de soumettre sa décision à une procédure préalable, l'absence d'une telle procédure n'entache pas d'irrégularité une autorisation ou une convention d'occupation d'une dépendance du domaine public ».

En synthèse :

– pour les BEA qui sont couplés à d'autres montages, soumis eux à une procédure de passation, celle-ci doit être respectée ;

– pour les BEA dont le montant est supérieur à 4 845 000 € HT, le respect de la directive n° 2004/18 et du décret de 1992 permettra une passation sécurisée d'un tel contrat ;

– le respect des principes dégagés par cette communication interprétative de la Commission devra permettre de sécuriser les BEA dont le montant est

(14) TA Versailles, 5 janv. 2010, n° 0612329, *Cne de Verrières-le-Buisson : AJDA* 2010, p. 1196.
(15) CE, 3 déc. 2010, n° 338272, *Assoc. Paris Jean Bouin.*

inférieur à 4 845 000 € HT, et qui pourraient paraître dispensés de toute procédure de passation, au regard du silence des textes français. Il sera par ailleurs nécessaire d'adapter la publicité du marché à son objet même.

B. – Le bail emphytéotique hospitalier

61. – Les articles L. 6148-2 et suivants du Code de la santé publique prévoient le recours spécifique des établissements publics de santé et des structures de coopération sanitaire au bail emphytéotique prévu par les articles L. 451 et suivants du Code rural.

Cependant, à la différence des dispositions de droit commun contenues dans le Code général des collectivités territoriales, le Code de la santé publique prévoit une procédure de passation pour ces contrats.

Ces dispositions ne s'appliquent pas qu'aux établissements publics de santé et structure de coopération sanitaire dotés de la personnalité morale eux-mêmes, lorsqu'ils conduisent la procédure d'attribution, mais également aux collectivités territoriales ou leurs groupements, lorsqu'ils répondent aux besoins de ces établissements ou structures (C. santé publ., art. L. 6148-5).

1° La procédure de passation des BEH

62. – Préalablement à la conclusion d'un BEA, l'établissement public de santé ou, le cas échéant, la structure de coopération sanitaire dotée de la personnalité morale publique, doit définir dans un programme fonctionnel les besoins que le preneur à bail doit s'engager à satisfaire.

63. – La passation d'un bail emphytéotique hospitalier est précédée d'une publicité permettant la présentation de plusieurs offres concurrentes dans les conditions prévues à l'article 3 de l'ordonnance du 17 juin 2004 sur les contrats de partenariat modifiée par la loi du 28 juillet 2008.

Les articles du Code de la santé publique, qui détaillent amplement la procédure à suivre, renvoient fréquemment à l'ordonnance n° 2004-559 du 17 juin 2004 modifiée par la loi du 28 juillet 2008 instituant les contrats de partenariat.

64. – La personne publique a ensuite le choix entre deux procédures :

– si, compte tenu de la complexité du projet, la personne publique est objectivement dans l'impossibilité de définir les moyens techniques pouvant répondre aux besoins et aux objectifs poursuivis ou d'établir le montage juridique ou financier du projet, elle indique dans l'avis d'appel public à concurrence qu'il sera recouru à une phase de dialogue compétitif, dans les conditions prévues à l'article 7 de l'ordonnance du 17 juin 2004 modifiée par la loi du 28 juillet 2008 ;

– si tel n'est pas le cas, elle indique dans l'avis qu'il sera recouru à une procédure d'appel d'offres dans les conditions prévues par le II de l'article 7 de l'ordonnance n° 2004-559 du 17 juin 2004 modifiée par la loi du 28 juillet 2008.

65. – Le contrat est attribué au candidat qui a présenté l'offre économiquement la plus avantageuse, par application des critères définis dans l'avis d'appel public à la concurrence ou le règlement de la consultation et, le cas échéant, précisés dans les conditions prévues à l'article 7 de l'ordonnance n° 2004-559 du 17 juin 2004 modifiée par la loi du 28 juillet 2008.

Les critères d'attribution sont pondérés. Si la personne publique démontre qu'une telle pondération est objectivement impossible, ils sont hiérarchisés.

Parmi les critères d'attribution figurent nécessairement le coût global de l'offre et des objectifs de performance définis en fonction de l'objet du contrat.

66. – La répartition des risques entre chacune des parties aux baux et conventions doit être clairement identifiée (16).

2° Passation d'un BEH et passation d'un contrat de partenariat

67. – Le Code de la santé publique renvoie donc à la procédure de passation des contrats de partenariat, institués par l'ordonnance n° 2004-559 du 17 juin 2004 modifiée par la loi du 28 juillet 2008, pour la passation des baux emphytéotiques hospitaliers (BEH).

68. – Cependant, **il n'est pas imposé, en matière de BEH, de justifier des conditions propres au recours au contrat de partenariat,** à savoir l'urgence ou la complexité.

Malgré cela, pour recourir à la procédure du dialogue compétitif, l'établissement de santé doit justifier de la complexité de l'opération.

69. – Par ailleurs, en matière de BEH, **les textes n'imposent pas à la personne publique de procéder à une phase d'évaluation préalable,** au cours de laquelle d'une part elle devrait démontrer l'urgence ou la complexité permettant le recours au BEH, et d'autre part elle devrait comparer la solution du BEH avec d'autres contrats envisageables.

Cependant, la Mission Nationale d'Appui à l'Investissement Hospitalier (MainH), dans son « Guide du bail emphytéotique hospitalier » (17), préconise très fortement aux établissements de santé de procéder à une analyse comparative entre deux scenarii, appelée « comparateur BEH/contrats séparés » : d'une part, celui du BEH, contrat global, et celui de contrats séparés, contractés sous le statut de maître d'ouvrage public.

Ce guide indique les éléments de comparaison devant intervenir dans cette analyse (délais, coûts, risques, coûts de financement, valeur actuelle nette, impacts sur la situation budgétaire de l'établissement, aspects qualitatifs des deux scenarii...).

§ 2. – Quelle forme prend la réponse d'un candidat à un avis d'appel à la concurrence pour la passation d'un BEA ?

70. – Ni le Code général des collectivités territoriales, ni le Code général de la propriété des personnes publiques n'abordent la question d'une procédure spécifique de passation d'un BEA : *a fortiori*, aucune indication n'est donnée quant aux pièces pouvant être exigées d'un candidat à l'attribution d'un BEA, à l'inverse de ce qui est indiqué dans le Code des marchés publics.

A. – La déclaration du sous-traitant par le candidat

1° La sous-traitance dans le BEA n'est pas soumise à la loi de 1975 relative à la sous-traitance

71. – La sous-traitance dans le cadre des BEA s'entend du fait, pour l'emphytéote, de confier par contrat à un tiers des éléments des prestations dont l'exécution est induite par la conclusion du BEA.

---

(16) C. santé publ., art. L. 6148-5-2.

(17) *Le Guide du bail emphytéotique hospitalier, un outil global et innovant au service de l'investissement hospitalier*, publié en février 2005, disponible gratuitement sur le site de l'Anap, www.anap.fr (rubrique « Publications & outils »).

En matière de marchés publics, il est habituellement fourni un formulaire DC 13 par le candidat au marché, afin de procéder à la déclaration des entreprises avec lesquelles il entend contracter pour l'exécution du contrat dont il sollicite l'attribution. La question se pose de savoir si en matière de BEA, le candidat à son attribution est tenu de procéder à une déclaration similaire.

L'article 25 de la directive n° 2004/18/CE aborde ainsi la question de la sous-traitance dans les marchés publics de travaux au sens du droit communautaire (le BEA étant considéré comme un marché public de travaux au sens du droit communautaire) :

> « Dans le cahier des charges, le pouvoir adjudicateur **peut demander ou peut être obligé** par un État membre de demander au soumissionnaire d'indiquer dans son offre, la part du marché qu'il a l'intention de sous-traiter à des tiers ainsi que les sous-traitants proposés. Cette communication ne préjuge pas de la responsabilité de l'opérateur principal ».

72. – La directive offre une simple option, et n'impose pas que les sous-traitants soient déclarés. En tout état de cause, le pouvoir adjudicateur peut toujours demander à recevoir des informations de la part des candidats sur leurs sous-traitants.

Cependant, la directive offre aussi la possibilité aux États membres d'imposer aux pouvoirs adjudicateurs de solliciter des soumissionnaires la présentation de leurs sous-traitants. La question se pose donc de savoir si tel est le cas dans l'ordonnancement juridique français.

En droit français, la sous-traitance est définie par la loi n° 75-1334 du 31 décembre 1975 relative à la sous-traitance comme :

> « l'opération par laquelle un entrepreneur confie par un sous-traité, et sous sa responsabilité, à une autre personne appelée sous-traitant l'exécution **de tout ou partie du contrat d'entreprise ou d'une partie du marché public conclu avec le maître de l'ouvrage** ».

Or, le bail emphytéotique n'est pas un marché public, au sens du Code des marchés publics français, puisque la personne publique n'est pas maître de l'ouvrage dans le cadre de ce montage contractuel : d'une part, elle n'assume pas la direction technique des travaux durant le contrat, d'autre part l'ouvrage n'est pas destiné à devenir sa propriété dès son achèvement, mais au terme du contrat.

En outre, le contrat d'entreprise peut se définir comme la convention par laquelle une personne s'oblige, contre rémunération, à exécuter un travail de façon indépendante pour le compte du maître de l'ouvrage. Or, dans le cadre d'un BEA, la personne publique n'a pas la qualité de maître de l'ouvrage : celle-ci appartient à l'emphytéote. L'entrepreneur, qui exécute une prestation pour le compte de ce dernier, ne peut donc être qualifié de sous-traitant, à l'égard de la personne publique.

Ainsi, les relations entre l'emphytéote et ses propres cocontractants n'entrent pas dans le champ d'application de la loi de 1975 relative à la sous-traitance dans le cadre du BEA, puisque l'emphytéote ne confie pas à son partenaire tout ou partie d'un contrat d'entreprise ou une partie d'un marché public, au sens du droit français.

Il est à noter que les relations entre les sous-traitants des partenaires de l'emphytéote et celui-ci seront, elles, probablement concernées par la loi de 1975 relative à la sous-traitance, dans la mesure où elles comprendront l'exécution d'un contrat d'entreprise.

2° Cependant, plusieurs éléments vont dans le sens d'une déclaration par l'emphytéote de ses « sous-traitants »

73. – En effet, si ni la directive, ni le droit français n'imposent, dans le cadre du BEA, de déclarer ses sous-traitants, il apparaît que l'exigence de transparence, affirmée tant dans le cadre communautaire qu'interne, va dans le sens d'une présentation préalable à la personne publique de l'ensemble des personnes ayant vocation à intervenir lors de l'exécution du contrat.

C'est pourquoi on remarque que les personnes publiques, sans y être légalement tenues, demandent aux candidats à l'attribution d'un BEA de présenter leurs futurs partenaires.

Dans la plupart des appels d'offres, la personne publique va demander au soumissionnaire de présenter ses capacités techniques et professionnelles, mais aussi celles de l'ensemble de ses partenaires, quels que soient leurs liens juridiques.

Ainsi, l'offre présentée par un candidat s'appuiera sur les compétences de ses futurs cocontractants.

B. – Les pièces demandées dans le cadre d'une procédure d'attribution d'un BEA

74. – Tout dépendra de l'avis d'appel public à concurrence, qui listera les pièces demandées par le pouvoir adjudicateur.

Dans tous les cas, un acte de candidature sera demandé, afin d'établir de façon certaine la volonté de soumissionner du candidat. Cet acte de candidature pourra revêtir la forme du formulaire DC 4, utilisé dans le cadre des marchés publics.

75. – Deux hypothèses sont à étudier distinctement : d'une part si le BEA entre dans le champ d'application de la directive communautaire n° 2004/18/CE (c'est-à-dire si le montant des travaux dépasse le seuil de 5 150 000 € HT), et d'autre part si le BEA est conclu pour un montant inférieur, et donc n'entre pas dans le champ d'application de la directive.

1° Si le BEA entre dans le champ d'application de la directive n° 2004/18/CE

76. – L'article 44 de la directive n° 2004/18 dispose que :

> « L'attribution des marchés se fait sur la base des critères prévus aux articles 53 et 55, compte tenu de l'article 24, après vérification de l'aptitude des opérateurs économiques non exclus en vertu des articles 45 et 46, effectuée par les pouvoirs adjudicateurs conformément aux critères relatifs à la capacité économique, aux connaissances ou capacités professionnelles et techniques visés aux articles 47 à 52, et, le cas échéant, aux règles et critères non discriminatoires visés au paragraphe 3 ».

77. – Interdictions de concourir à l'attribution d'un BEA. L'article 45 de la directive n'offre aucune alternative aux États membres, en disposant sans option que :

> « 1. **Est exclu** de la participation à un marché public tout candidat ou soumissionnaire ayant fait l'objet d'une condamnation prononcée par un jugement définitif, dont le pouvoir adjudicateur a connaissance, pour une ou plusieurs des raisons énumérées ci-dessous :
> *a)* participation à une organisation criminelle (...) ;
> *b)* corruption (...) ;
> *c)* fraude (...) ;
> *d)* blanchiment de capitaux (...). »

Aussi, des attestations seront sans doute demandées par les pouvoirs adjudicateurs aux entreprises candidates, établissant qu'elles n'ont pas fait l'objet de condamnation pour de tels délits. Dans un souci de simplicité, les attestations fournies dans le cadre des marchés publics seront sûrement demandées.

Ensuite, l'article 45 offre la possibilité d'exclure de la participation à un marché public l'opérateur :

– qui est en état de faillite, de liquidation, de cessation d'activités, de règlement judiciaire ou de concordat préventif, ou dans toute autre situation analogue, qui fait l'objet d'une telle procédure ou de toute autre procédure de même nature ;

– qui a fait l'objet d'un jugement ayant autorité de chose jugée selon les dispositions légales d'un pays et constatant un délit affectant sa moralité professionnelle ;

– qui, en matière professionnelle, a commis une faute grave constatée par tout moyen ;

– qui n'est pas en règle avec ses obligations relatives au paiement des cotisations de sécurité sociale, et qui n'est pas en règle avec ses obligations relatives au paiement de ses impôts et taxes ;

– qui s'est rendu gravement coupable de fausses déclarations en fournissant les renseignements exigibles en application de la présente section.

78. – Cette directive offre donc aux États membres la possibilité d'inclure, dans leur législation, ces exclusions de concourir : or aucun texte n'exclut des opérateurs économiques pour les raisons énoncées ci-dessus en matière de BEA.

Cependant, ces dispositions sont relatives aux traditionnelles interdictions de concourir à un marché public : aussi seront sans doute demandées par les pouvoirs adjudicateurs des attestations des entreprises candidates établissant qu'elles respectent ces règles communautaires.

2° Si le BEA n'entre pas dans le champ d'application de la directive n° 2004/18

79. – La communication interprétative de la Commission relative au droit communautaire applicable aux passations de marchés non soumises ou partiellement soumises aux directives « marchés publics » n'offre aucune indication quant à la forme que doit revêtir la réponse à un avis d'appel public d'un marché de travaux au sens du droit communautaire.

Cependant, il apparaîtra plus simple aux collectivités de conformer les pièces demandées aux autres procédures de passation qu'elles ont l'habitude de connaître (marchés publics notamment) : aussi demanderont-elles sans doute des pièces similaires.

§ 3. – Quelles sont les étapes de la procédure de passation d'un BEA ?

80. – Les phases essentielles de la conclusion d'un BEA sont les suivantes :

– élaboration d'un projet d'intérêt général, détermination de l'objet du contrat par la collectivité bailleresse ;

– consultation du service des domaines pour évaluer la valeur domaniale de l'immeuble nu objet du BEA (consultation obligatoire, mais avis non impératif) ;

– le cas échéant, rédaction d'un rapport d'évaluation préalable (18) ;

(18) Dans les conditions d'application de l'article L. 1615-13 du Code général des collectivités territoriales.

– établissement d'un cahier des charges et d'un règlement de la consultation, publicité ;
– choix entre les différentes offres remises ;
– mise au point du bail emphytéotique administratif (négociation sur l'étendue des prestations dont aura la charge l'emphytéote (maintenance de l'ouvrage, services connexes ...), détermination de la durée du contrat, de la surface nécessaire, des aménagements à réaliser, fixation du loyer et des charges, de leur indexation et des modalités de leur révision, fixation des clauses du contrat...) ;
– délibération du conseil municipal approuvant le BEA dans ses éléments essentiels (identité du cocontractant, objet, durée, montant des loyers), et autorisant l'exécutif à signer le BEA ;
– transmission de la délibération autorisant l'exécutif à signer le BEA au contrôle de légalité (cet acte permet à l'exécutif de signer le contrat en vertu d'une délibération exécutoire) ;
– signature du bail par le maire ou un de ses adjoints. Le recours à un notaire est obligatoire, et il permet l'exécution de toutes les formalités de publicité foncière afférentes à ce contrat.

81. – Le BEA est passé par l'organe exécutif de la collectivité territoriale, après approbation de l'assemblée délibérante, selon les dispositions de l'article L. 2122-21 du Code général des collectivités territoriales. En cas d'absence de délibération de l'assemblée délibérante se prononçant sur les éléments essentiels du contrat, la signature de l'exécutif n'a aucun effet : aussi le contrat est nul et de nul effet, en ce que signé par une autorité incompétente (19).

(19) CAA Lyon, 25 mai 1999, n° 95LY00614, *SA Domaine et golf du Lavandou*.

Chapitre 4

LE CONTENU DU BEA ET DE LA CONVENTION DE MISE À DISPOSITION

§ 1. – Quelles sont les clauses indispensables d'un contrat de BEA/CMD ?

82. – Le montage contractuel du BEA suppose deux conventions indissociables : le BEA d'une part, socle de la constitution de droits réels sur le domaine public, et portant obligation de réaliser un équipement public, auquel s'attache, d'autre part, une convention de mise à disposition de la personne publique bailleresse de l'équipement sur lequel l'emphytéote dispose des prérogatives et obligations du propriétaire.

Le contrat de BEA doit obligatoirement comporter, l'indication des noms des parties, la description du terrain pris à bail, les origines de propriété du terrain concerné, la durée du bail (entre dix-huit et quatre-vingt-dix-neuf ans), les obligations du preneur. Cependant, dans un souci de sécurité juridique, il convient évidemment d'élaborer un contrat qui régisse de façon plus exhaustive les relations des parties.

Par ailleurs, les dispositions de la convention de mise à disposition, si elles ne sont pas imposées, méritent également d'être définies avec attention. Elles déterminent les modalités de la location de l'équipement par l'emphytéote à la collectivité, mais aussi les prestations annexes qui peuvent être effectuées par l'emphytéote.

83. – Ainsi, il est préférable de prévoir au sein des deux contrats les éléments suivants.

A. – Une clause relative à l'objet du contrat

84. – Cette clause est utile afin de justifier le recours au BEA par un objet ayant en vue une opération d'intérêt général ou une mission de service public.

Par ailleurs, rappeler à chacune des conventions son objet propre permet de clarifier l'interaction des deux conventions : le BEA a pour objet la constitution de droits réels sur une dépendance du domaine public, quand la convention de mise à disposition a pour objet de poser les droits et obligations des parties dans le cadre de la location par le preneur à la personne publique de l'ouvrage dont il est propriétaire.

Cette dernière convention sera aussi le support d'éventuelles obligations annexes que le preneur s'engagerait à effectuer autour de l'ouvrage construit.

B. – Une clause relative à l'indissociabilité des deux conventions

85. – Il est nécessaire de prévoir dans chacune des conventions, le BEA comme la convention de mise à disposition, que le sort de l'une est indissociablement attaché à celui de l'autre en toute circonstance (résolution, résiliation, terme...).

En effet, accorder des droits réels sur le domaine public n'a pas de sens pour la collectivité si l'ouvrage réalisé par l'emphytéote ne lui est pas mis à disposition ensuite.

C. – Une clause relative à la cession des droits résultant du bail et de la convention de mise à disposition

86. – Le contrat doit nécessairement prévoir que **l'agrément préalable de la collectivité** est nécessaire pour toute cession, et que la personne cessionnaire doit reprendre l'intégralité des droits et obligations contenus dans le BEA, mais aussi ceux contenus dans les conventions non détachables du BEA, c'est-à-dire la convention de mise à disposition de l'ouvrage (1).

Ceci est conforme aux principes dégagés par une jurisprudence constante selon laquelle le cédant doit obligatoirement requérir l'accord du cédé avant toute cession, ce que confirme l'avis du Conseil d'État du 8 juin 2000 qui systématise les règles générales applicables aux cessions de contrats en droit administratif (2).

Par ailleurs, le refus de la personne publique à la cession est strictement conditionné par l'existence de motifs valables, au nombre desquels « figure, notamment, l'appréciation des garanties professionnelles et financières que peut présenter le nouveau titulaire du contrat pour assurer la bonne fin du contrat dans le cas d'un marché ou, dans le cas d'une délégation, de son aptitude à assurer la continuité du service public et l'égalité des usagers devant le service public » (3).

D. – Une clause relative à la possibilité de constituer hypothèque

87. – Une clause au contrat doit prévoir que le droit réel conféré au titulaire du bail, ainsi que les ouvrages dont il est propriétaire sont susceptibles d'hypothèque pour la seule garantie des emprunts pris pour le financement de la réalisation ou de l'amélioration des ouvrages situés sur le bien loué.

Par ailleurs, le contrat doit soumettre ce contrat d'hypothèque à l'agrément de la collectivité bailleresse sous peine de nullité (4).

---

(1) CGCT, art. L. 1311-3.
(2) CE, avis, 8 juin 2000, n° 364803.
(3) *Idem.*
(4) CGCT, art. L. 1311-3.

E. – Une clause relative à la faculté pour la personne publique de se substituer au preneur dans la charge des emprunts en cas de résiliation des conventions

88. – En effet, les constructions réalisées dans le cadre de ces baux peuvent donner lieu à la conclusion de contrats de **crédit-bail.** Dans ce cas, le contrat de bail, comme celui de crédit-bail, doit comporter des clauses permettant de préserver les exigences du service public : une clause permettant à la collectivité de se substituer à l'emphytéote défaillant permet de préserver l'exigence de continuité du service public.

Il est recommandé de recourir à une convention tripartite entre la personne publique, le titulaire du contrat et les tiers financiers, que le bail emphytéotique soit assorti ou non d'un crédit-bail. La convention tripartite présente l'avantage pour la personne publique d'identifier les tiers financiers et les sûretés réelles consenties (cessions de créances, cessions de droits réels...). Elle permet aux tiers financiers de mieux appréhender l'équilibre économique du contrat et surtout de gérer les situations telles que la fin anticipée du contrat, la force majeure... en prévoyant les modalités de substitution du contractant défaillant, le devenir des actifs, les indemnisations....

F. – Une clause relative à l'utilisation du domaine imposée par le BEA

89. – Cette clause permet évidemment de garantir que le preneur utilisera celui-ci conformément à l'opération d'intérêt général ou à la mission de service public pour laquelle le BEA est conclu.

Elle contient notamment l'obligation pour l'emphytéote de construire l'équipement pour lequel la collectivité accepte de conclure un BEA sur son domaine public.

Si l'ensemble de la dépendance donnée à bail n'est pas utilisée pour cette opération d'intérêt général, il convient, afin de respecter l'exigence de protection du domaine public, de circonscrire les activités du preneur pouvant être exercées sur le reste de la dépendance.

G. – Une clause relative à la redevance d'occupation domaniale due au titre du BEA

90. – En effet, le Conseil d'État a déjà jugé illégales les décisions de conclure un BEA dans lequel le terrain était mis à disposition gratuitement (5).

Le montant de cette redevance peut être réduit, au regard de l'équilibre du contrat, mais il doit exister.

Il est d'usage courant que le contrat prévoit la refacturation de la redevance par l'emphytéote à la personne publique.

H. – Une clause relative aux impôts et taxes

91. – C'est en principe le preneur du BEA qui est tenu d'acquitter les taxes foncières à raison du terrain sur lequel il dispose d'un droit réel, ainsi que des constructions qu'il a lui-même édifiées (6). Cependant un arrêt du Conseil d'État a semblé indiquer que cet article 1400 n'était pas applicable au BEA, contrat spécifique (7). La personne publique bailleresse serait donc redevable de la taxe foncière.

(5) CE, 6 avr. 1998, n° 151752, *Communauté urbaine de Lyon*.
(6) CGI, art. 1400-II.
(7) CE, 17 janv. 1990, n° 107435, *Cne des Salelles*.

En cas de doute, il relève de la liberté contractuelle de prévoir que cette dépense sera prise en charge par la collectivité publique.

Le titulaire d'un BEA est également soumis au paiement de la taxe locale d'équipement, en qualité de maître de l'ouvrage.

Toutefois, les constructions édifiées par les collectivités territoriales et qui sont exonérées de taxe foncière le sont également de taxe locale d'équipement. Cette exonération a été étendue aux baux emphytéotiques administratifs par le décret n° 2009-569 du 20 mai 2009.

92. – L'emphytéote est-il assujetti au paiement de la taxe professionnelle ? La simple gestion d'un patrimoine immobilier n'est pas assimilée à une activité professionnelle. Par exemple, une personne physique ou une société civile immobilière qui donne en location des locaux nus n'est pas assujettie. Si le bail emphytéotique est strictement limité à la location de locaux nus, et qu'il n'entre pas directement dans l'activité gérée par une société commerciale, l'emphytéote ne sera pas assujetti. Mais, si les loyers payés par la collectivité incluent des prestations qui vont au-delà de l'entretien dû par tout propriétaire en application du droit civil, l'activité présentera une dimension professionnelle qui sera assujettie.

I. – Une clause relative à l'hypothèse de non obtention des autorisations administratives

93. – La réalisation de l'ouvrage par l'emphytéote supposera souvent l'obtention de diverses autorisations administratives (notamment l'obtention d'un permis de construire, mais aussi d'autorisations liées aux installations classées par exemple). Le refus de ces autorisations ou leur annulation empêche évidemment toute exécution par l'emphytéote de l'obligation de construire mise à sa charge.

Dès lors, il convient de prévoir au contrat le mécanisme qui permettra de sauvegarder les intérêts de l'emphytéote, si celui-ci n'obtenait aucune des autorisations administratives nécessaires à la réalisation de l'ouvrage, ou si leur légalité venait à être contestée. Le même mécanisme est d'ailleurs le plus souvent prévu pour l'obtention d'un accord de financement.

Il pourra être choisi, selon les circonstances, un mécanisme de clause suspensive (le contrat n'aura d'effets qu'après l'obtention de ces autorisations purgées de tout recours), ou un mécanisme de clause résolutoire (dans l'hypothèse du refus ou de l'annulation des autorisations nécessaires, le contrat sera réputé n'avoir jamais existé).

J. – Une clause relative à la nature administrative du montage en BEA

94. – Aussi peuvent-il légalement contenir les clauses classiques d'un contrat public : modification et résiliation unilatérale pour motif d'intérêt général, pouvoir de contrôle et de direction de la personne publique dans l'exécution du contrat.

L'absence de ces clauses n'empêche cependant pas la personne publique d'exercer ces pouvoirs qu'elle détient, en tout état de cause hors du contrat, en vertu des principes généraux applicables aux contrats administratifs.

Néanmoins, l'insertion d'une clause dans le contrat permet de fixer les mécanismes d'indemnisation de l'emphytéote qui trouveront à s'appliquer en cas de mise en œuvre de ces pouvoirs.

K. – Une clause relative à l'échéance du terme des deux conventions

95. – Il est préférable de prévoir dans *l'instrumentum* même **la fin du bail,** et notamment les obligations de remise en état des ouvrages édifiés. Cette clause fera l'objet de négociations.

L. – Une clause relative aux obligations du preneur au sein de la convention de mise à disposition

96. – Par ailleurs, il est nécessaire de préciser au sein de la convention de mise à disposition quelle est l'étendue des obligations de l'emphytéote pour l'entretien et la maintenance du bâtiment dont il est propriétaire, et éventuellement ses obligations relatives à certaines prestations annexes.

Ainsi qu'exposé ci-après, les dispositions du Code rural mettent à la charge de l'emphytéote les réparations de toute nature : cependant, il peut être dérogé à ces dispositions par convention.

L'étendue des prestations à la charge de l'emphytéote fera donc l'objet d'une négociation contractuelle.

M. – Une clause relative aux loyers versés par la personne publique à l'emphytéote

97. – La convention de mise à disposition devra déterminer le montant de ce loyer, qui doit permettre d'équilibrer le contrat : aussi doit-il correspondre à l'amortissement comptable, mais aussi à l'amortissement financier pris en charge par l'emphytéote, sa rémunération, les frais d'exploitation et de maintenance si l'emphytéote les assume.

Par ailleurs, les prestations annexes plus ou moins contraignantes mises à la charge de l'emphytéote auront un impact sur le prix du loyer.

Il sera préférable de scinder la partie du loyer correspondant à l'amortissement de l'équipement réalisé de celle correspondant aux obligations de maintenance ou d'entretien de l'emphytéote : ainsi, les dépenses réelles d'investissement pourront être isolées afin de pouvoir bénéficier du FCTVA.

Par ailleurs, le loyer peut être scindé en une partie fixe et une partie variable, dépendant des objectifs performantiels donnés à l'emphytéote.

N. – Un programme annexe peut fixer certaines caractéristiques techniques de l'immeuble que la collectivité locale souhaite imposer

98. – Cependant, il faut prendre garde à ne pas donner trop d'indication ou de prescription technique au preneur privé, au risque de voir le contrat requalifié en marché public, puisque la collectivité serait considérée comme exerçant les attributions de la maîtrise d'ouvrage.

§ 2. – Quelles sont les clauses interdites dans une convention de BEA ?

99. – Il ne peut être prévu une tacite reconduction du BEA en fin de contrat. Toute clause de tacite reconduction est en effet proscrite en vertu des dispositions de l'alinéa second de l'article L. 451-1 du Code rural qui est d'ordre public.

En tout état de cause, les clauses du contrat doivent tenir compte de l'objet d'intérêt général ou de l'accomplissement d'une mission de service public portés par le BEA.

En effet, le juge administratif a déjà refusé de reconnaître qu'un BEA était passé en vue de l'accomplissement d'une opération d'intérêt général (et *a fortiori* pour l'accomplissement d'une mission de service public) en raison de l'absence de stipulations contractuelles précisant les obligations du preneur, ainsi que de stipulations contractuelles relatives aux modalités d'exercice du droit de contrôle de la personne publique bailleresse.

Ainsi, le bail passé avec une association pour la restauration de locaux communaux, sans pour autant assigner au preneur aucune obligation de service public, et sans instituer aucun contrôle de la commune sur l'activité de l'association pour les lieux en cause, n'est pas conclu en vue de la réalisation d'une opération d'intérêt général ou en vue de l'accomplissement d'une mission de service public (8).

100. – Le BEA étant conclu aux fins de la réalisation d'une mission de service public ou d'une opération d'intérêt général, le contenu même du contrat doit intégrer certaines contraintes liées à la spécificité de ces missions, sous peine de dénaturer le recours à ce montage contractuel.

§ 3. – Quelles missions est-il possible de confier à l'emphytéote dans le cadre d'un BEA ?

101. – Hormis l'éventuelle construction d'un bâtiment, l'emphytéote peut également être chargé de son entretien et de sa maintenance ou de toute autre mission annexe au service public qui y est établi. En tout état de cause, le preneur à un bail emphytéotique administratif ne pourrait se voir confier une mission de gestion du service public.

A. – La construction d'un bâtiment n'est pas obligatoire

102. – Au contraire du bail à construction, le BEA ne doit pas obligatoirement prévoir que le preneur sera tenu de construire un ouvrage sur le terrain donné à bail.

En effet, aucun élément des textes applicables au BEA ne fait de la construction d'un immeuble une condition *sine qua non* de la conclusion d'un tel contrat.

Le Conseil d'État a ainsi indiqué, dans son arrêt *SOFAP-Marignan* (9), que le BEA peut « imposer au preneur des obligations tenant à l'utilisation qu'il fera des biens mis à disposition » : cette utilisation peut notamment consister en la construction d'immeubles, mais l'utilisation des biens donnés à bail peut consister en d'autres utilisations.

Il peut donc être envisagé par exemple que le preneur ne soit pas tenu de construire un ouvrage, mais par exemple de réhabiliter et de restaurer un édifice tombant en ruine, et d'en assurer ensuite la maintenance et l'entretien.

Il peut aussi être envisagé qu'aucune construction ne soit réalisée sur la parcelle donnée à bail : ainsi, des collectivités locales ont conclu des BEA

(8) TA Marseille, 21 déc. 1990, *Grangeon*.
(9) V. *supra*, n° 15.

pour des opérations d'intérêt général tenant à la réalisation de plans d'action écologique, visant à reconstituer des biotopes remarquables, ou encore à créer des zones naturelles protégées, afin de préserver des écosystèmes particulièrement menacés.

B. – La transmission de l'ensemble des prérogatives du maître de l'ouvrage à l'emphytéote

103. – Dans le cadre du BEA, les équipements sont réalisés sous maîtrise d'ouvrage privée : aussi, la question doit être prise dans le sens inverse, puisqu'il importe de confier toutes les missions d'un maître d'ouvrage à l'emphytéote. Souvent, les collectivités locales bailleresses établissent un programme fonctionnel de la construction, et imposent un contrôle de l'évolution des travaux, ainsi qu'un pouvoir de direction technique des travaux qui pourraient dangereusement leur donner la qualité de maîtres d'ouvrage publics. Il est donc nécessaire, dans le contrat, de ne pas empiéter à outrance sur la mission de maître d'ouvrage de l'emphytéote.

En sa qualité de maître de l'ouvrage, il appartient à l'emphytéote d'exercer à l'encontre des entrepreneurs qu'il choisit pour la réalisation de l'ouvrage une éventuelle action en responsabilité en matière de construction, que celle-ci soit biennale ou décennale.

Ainsi, dans un arrêt du 5 avril 1994, la cour administrative d'appel de Bordeaux a pu relever que :

> « Le centre hospitalier était **titulaire d'un bail emphytéotique** portant sur l'établissement thermal, que c'est en cette qualité qu'il a passé le marché susvisé ; **qu'il était ainsi recevable à rechercher la responsabilité décennale de l'entreprise** Lamigeon (...) » (10).

Cette jurisprudence a été constamment réaffirmée. Il appartient donc à l'emphytéote d'exercer toute action idoine à l'encontre des constructeurs qu'il emploie, sous peine de devoir répondre de toutes les malfaçons de nature à rendre l'ouvrage impropre à destination.

C. – Les missions de maintenance et d'entretien de l'ouvrage

104. – Les dispositions du Code rural mettent à la charge de l'emphytéote les réparations « de toute nature ». Cependant, les parties peuvent déroger à ces dispositions du Code rural et définir ou non des obligations de maintenance à la charge de l'emphytéote, propriétaire des ouvrages réalisés.

En effet, l'article L. 451-8 du Code rural dispose que :

> « En ce qui concerne les constructions existant au moment du bail et celles qui auront été élevées en exécution de la convention, **[le preneur] est tenu des réparations de toute nature** (...). »

Dans son arrêt *Communauté urbaine de Lyon* rendu le 6 avril 1998 (11), le Conseil d'État a eu l'occasion de rappeler que cette disposition mettait à la charge de l'emphytéote les réparations de toute nature des constructions sises sur le terrain donné à bail :

> « la clause dispensant la SODERLY du paiement de cette redevance pendant dix ans, ne peut, alors que tout preneur d'un bail emphytéotique qui acquitte habituellement une redevance d'occupation de montant modique et **doit, en revanche, exécuter à ses frais tous**

(10) CAA Bordeaux, 5 avr. 1994, n° 92BX00468, *Centre hospitalier Paul Coste-Floret*.
(11) V. *supra*, n° 90.

travaux et réparations sur l'immeuble mis à sa disposition, ainsi que le prévoient les articles L. 451-1 et suivants du Code rural, auxquels se réfèrent expressément les baux conclus avec la SODERLY, être regardée comme justifiée, au regard des conditions du marché, par le fait que la SODERLY devait effectuer ou faire effectuer, pour une somme évaluée à 10 000 000 F hors taxe, des travaux de remise en état sur l'immeuble d'Ecully (...) ».

Ainsi, les obligations relevant de l'article 606 du Code civil, c'est-à-dire les grosses réparations, « celles des gros murs et des voûtes, le rétablissement des poutres et des couvertures entières, celui des digues et des murs de soutènement et de clôture aussi en entier » reviennent en principe à l'emphytéote en vertu de l'article L. 451-8 du Code rural.

Mais l'expression « réparations de toute nature » englobe également l'ensemble des réparations de toute espèce que le propriétaire d'un immeuble est tenu de réaliser, comme les réparations seulement locatives.

Aussi, selon l'article L. 451-8 du Code rural, l'emphytéote est tenu de l'ensemble de ces réparations, visées par l'article 606 comme l'article 1720 du Code civil, mais aussi les réparations dites « locatives », en principe à la charge du locataire.

105. – Cependant, **l'article L. 451-8 du Code rural, qui met à la charge de l'emphytéote les réparations de toute nature n'est pas une disposition d'ordre public.**

En effet, l'article L. 451-3 du Code rural précise que ces dispositions sont applicables « à défaut de conventions contraires » : aussi, il peut être prévu par contrat de mettre à la charge de la collectivité bailleresse emphytéotique les obligations de maintenance, ainsi que les réparations de toute nature.

N.B : *s'il peut être dérogé par convention aux dispositions des articles L. 451-3 et suivants du Code rural, les articles L. 451-1 et L. 451-2 du Code rural sont eux d'ordre public.*

Si la loi prévoit que l'emphytéote doit prendre en charge la maintenance, ainsi que les réparations de toute nature des constructions sises sur le terrain donné à bail, il est cependant possible de prévoir une configuration différente dans le contrat.

S'il est envisagé de ne pas confier à l'emphytéote la maintenance des constructions édifiées sur le terrain donné à bail, il faut donc prévoir par contrat que la maintenance sera exécutée par la collectivité, et non pas par l'emphytéote, afin d'écarter l'application de l'article L. 451-8 du Code rural.

Ainsi, il est possible de limiter par contrat les missions confiées au privé aux seules conceptions, construction et mise à disposition, en excluant que l'emphytéote prenne en charge les grosses réparations visées à l'article 606 du Code civil.

Mais il est également possible de prévoir que seules les réparations visées par l'article 606 seront prises en charge par l'emphytéote, quand le reste des travaux d'entretien et de maintenance resteraient à la charge de la personne publique bailleresse.

106. – Cet aspect fera partie sans doute de la plus-value d'une proposition, et fera l'objet d'une négociation avec la collectivité. Sans que cela soit une obligation légale de mettre à la charge de l'emphytéote la maintenance du bien qu'il réalise, c'est un élément qui est souvent négocié par les collectivités locales, n'ayant pas nécessairement les moyens d'assumer une telle charge par leurs propres moyens techniques et humains.

D. – L'emphytéote ne peut se voir confier une mission de gestion d'un service public

107. – S'il existe des limites dans les missions qu'il est possible de confier à l'emphytéote, il s'agit de celles qui amèneraient un juge à considérer, par exemple, que le BEA emporte en fait délégation de la gestion d'un service public à l'emphytéote. Il convient dès lors, au cas par cas, de faire attention à la nature du service public sur lequel porte le BEA, et si la réalisation même de l'équipement ainsi que sa maintenance ne peuvent pas être assimilés à la mission de service public elle-même.

La convention de mise à disposition doit permettre à la collectivité bailleresse de profiter de l'équipement construit dans le cadre de la mission de service public ou l'opération d'intérêt général en vue duquel il a été réalisé. Mais parfois, l'emphytéote peut être chargé d'assurer directement l'exploitation de l'ouvrage.

La frontière peut être extrêmement mince entre l'exploitation d'un ouvrage et l'exploitation des activités qui s'y déroulent. Ainsi, une réponse ministérielle du 27 juin 2006 expose que :

> « Il reste qu'en pratique de nombreuses situations se présentent dans lesquelles **il peut paraître délicat de distinguer au quotidien ce qui relève de l'exploitation d'un service public et de l'exploitation d'un ouvrage ou équipement.** Ainsi, en ce qui concerne les infrastructures de réseaux, les ouvrages d'art, les équipements sportifs ou autres équipements spécialisés, la différence entre exploitation du service public et exploitation d'un ouvrage n'est pas nette. Dans ces cas limites, la distinction entre contrat de partenariat et délégation de service public ne pourra pas se faire nettement par le critère de l'objet du contrat, mais se fera en prenant en compte la logique économique et financière du contrat » (12).

108. – Il s'agira donc de déterminer au cas par cas si confier à l'emphytéote la gestion de l'ouvrage revient à confier la gestion de la mission de service public elle-même, sachant qu'une délégation de service public suppose également que le partenaire privé tire une part substantielle de sa rémunération des résultats de l'exploitation du service.

E. – L'emphytéote peut néanmoins se voir confier des missions annexes à la gestion d'un service public

109. – La collectivité publique peut néanmoins confier des missions « péri-service public » sans confier à l'emphytéote la mission même du service public. Ainsi, la collectivité va lui confier des missions annexes et participant à l'accomplissement de la mission de service public dont elle reste chargée.

Ainsi qu'il a déjà été exposé, l'assemblée générale du Conseil d'État, saisie pour avis, a considéré que « **l'hébergement purement hôtelier** exploité par une personne privée et dépourvu de surveillance médicale, offert à proximité immédiate de l'hôpital à des patients qui relèvent de l'hospitalisation de jour, notamment de la chirurgie ambulatoire, et dont l'état de santé ne requiert pas une hospitalisation complète » (13) est une mission qui pouvait valablement être confiée à l'emphytéote dans le cadre d'un BEA.

Ainsi, il peut être envisagé que l'emphytéote soit chargé de l'accomplissement de missions annexes au service public, sans que celles-ci ne puissent consister en l'accomplissement du service public lui-même : le Conseil d'État

---

(12) Question Assemblée Nationale n° 95948, réponse publiée au *JO* le 27 juin 2006, p. 6843 (V. *intra*, Annexe 5).

(13) CE, avis, ass., 16 juin 1994, n° 356101.

a déjà affirmé que le BEA ne pouvait confier qu'une mission limitée à l'emphytéote (14).

110. – Cependant, l'objet premier du BEA est la valorisation par une personne privée de dépendances domaniales appartenant aux collectivités locales. Ce montage contractuel n'a pas été prévu spécifiquement pour confier à une personne privée la réalisation d'un équipement, et la charge de prestations de service liées à cet équipement concourant à l'exercice, par la personne publique, de la mission de service public dont elle est chargée : il s'agit là de l'objet du contrat de partenariat.

F. – Des activités sans rapport avec le service public ou l'opération d'intérêt général

111. – Enfin, il a aussi déjà été jugé que par un BEA, la collectivité publique peut légalement autoriser l'emphytéote à exploiter pour son profit 70 % de l'ensemble immobilier réalisé sur la parcelle domaniale. L'emphytéote peut donc être autorisé à exercer des activités n'ayant pas de rapport avec l'opération d'intérêt général ou avec l'accomplissement d'une mission de service public, à condition qu'une partie de l'opération permette de réaliser l'opération d'intérêt général (15).

Ces activités que peut exercer l'emphytéote ne doivent cependant pas annihiler le caractère d'intérêt général de l'opération portée par le BEA, sous peine de dénaturer le recours à ce montage contractuel.

§ 4. – Comment sont répartis les risques liés au vieillissement des ouvrages ?

112. – En phase de location, les risques liés au vieillissement des ouvrages consistent notamment en la **détérioration des ouvrages bâtis sur le terrain d'assise du BEA,** et sur la nécessité d'engager des frais pour réhabiliter les constructions.

Ainsi qu'exposé dans le paragraphe précédent, le Conseil d'État a rappelé que les articles L. 451-1 et suivants du Code rural prévoient, en principe, que les travaux, réparations et aménagements des immeubles ou terrains mis à disposition par le bail emphytéotique sont à la charge du preneur, c'est-à-dire à la charge de l'emphytéote, personne privée.

113. – En effet, l'article L. 451-8 du Code rural, relatif au régime juridique applicable au bail emphytéotique, dispose que :

> « Le preneur est tenu de toutes les contributions et charges de l'héritage.
> En ce qui concerne les constructions existant au moment du bail et celles qui auront été élevées en exécution de la convention, **il est tenu des réparations de toute nature,** mais il n'est pas obligé de reconstruire les bâtiments, s'il prouve qu'ils ont été détruits par cas fortuit, par force majeure ou qu'ils ont péri par le vice de la construction antérieure au bail.
> Il répond de l'incendie, conformément à l'article 1733 du Code civil. »

Cependant, ces dispositions ne sont applicables qu'à défaut de conventions contraires : aussi, le portage des risques liés au vieillissement des ouvrages peut être défini librement par les parties dans la convention de mise à disposition des ouvrages.

---

(14) V. en ce sens CE, avis, 16 juin 1994, cité *supra*.
(15) CE, sect., 25 févr. 1994, *SA SOFAP-Marignan Immobilier*, préc.

114. – Il est à noter que l'article L. 6148-5-2 du Code de la santé publique, en matière de BEH, impose que la répartition des risques entre chacune des parties aux baux et conventions soit clairement identifiée en matière de BEH.

Cependant, aucune disposition similaire n'existe pour le BEA de droit commun.

Mais définir précisément les risques pouvant affecter l'exécution du BEA comme de la convention de mise à disposition, et établir leur répartition entre les parties de façon optimale est une approche méthodologique qui permettra d'anticiper de la meilleure façon les aléas pouvant avoir des incidences sur l'exécution du contrat.

En effet, le BEA et la convention de mise à disposition sont conclus pour une longue durée, la plupart du temps entre vingt et trente ans.

Aussi, pour assurer la pérennité d'une convention dans le temps, il apparaît qu'élaborer préalablement une matrice des risques (16) complète permet d'anticiper de façon efficace l'endurance d'un contrat.

115. – Les risques liés au vieillissement des ouvrages tiennent notamment aux réparations d'entretien, ainsi qu'aux travaux définis par l'article 606 du Code civil comme ceux des gros murs et des voûtes, le rétablissement des poutres et des couvertures entières, ainsi que ceux des digues et des murs de soutènement et de clôture aussi en entier.

Dès lors, au sein de la convention de mise à disposition de l'ouvrage peuvent être répartis ces risques entre la collectivité bailleresse et l'emphytéote.

La prise en charge, par l'emphytéote, d'obligations plus ou moins importantes en matière d'entretien et de maintenance de l'ouvrage, aura une conséquence sur le prix du loyer que versera la commune au titre de la convention de mise à disposition de l'ouvrage réalisé en vertu de l'obligation de construire inscrite dans le BEA.

Par ailleurs, il est possible que le montant des loyers versés dépende d'objectifs performantiels assignés par la collectivité bailleresse à l'emphytéote : si une partie peut demeurer fixe, une autre pourra dépendre d'éléments tels que la qualité de l'entretien et de la maintenance effectués sur le bâtiment, ou encore sur un critère tel que la disponibilité de l'ouvrage.

Ceci permet à l'emphytéote de valoriser d'autant plus son investissement en atteignant les objectifs de performance qui lui sont assignés.

§ 5. – Comment s'opère le contrôle de la personne publique en phase de mise à disposition ?

116. – Dans son avis en date du 16 juin 1994 (17), le Conseil d'État a eu l'occasion d'indiquer que :

« Aucune disposition de l'article 13 de la loi du 5 janvier 1988 ni aucune autre disposition législative n'impose que les baux emphytéotiques conclus par les établissements publics de santé comportent une convention non détachable définissant, notamment, les conditions de réalisation de l'opération et les responsabilités respectives du bailleur et du preneur. Dans la plupart des cas, cependant, il sera nécessaire, dans l'intérêt d'une bonne administration, compte tenu de l'objet de tels baux, de la variété et de la complexité des dispositions qu'ils peuvent ou doivent comporter ainsi que de leur durée, qu'une telle convention, signée des

(16) V. *infra*, Annexe 6.

(17) CE, avis, ass., 16 juin 1994, n° 356101, préc.

deux parties, accompagne le bail, afin que soient clairement fixés leurs obligations et engagements respectifs ».

En effet, compte tenu de la durée du bail emphytéotique, et de la complexité des relations pouvant s'établir entre la collectivité bailleresse et le preneur à bail emphytéotique, il est préférable d'associer à la conclusion du BEA une convention qui puisse déterminer clairement les droits et obligations de chacune des parties relatifs aux modalités de la mise à disposition de la collectivité de l'ouvrage appartenant au preneur (comme entre autres le montant du loyer que la personne publique devra payer à l'emphytéote pour pouvoir disposer des ouvrages dont il est propriétaire, ainsi que les mécanismes de variation de ce loyer, ou encore de révision, les obligations d'entretien et de maintenance à la charge de l'emphytéote, les motifs susceptibles d'entraîner une rupture des relations contractuelles...).

117. – La convention de mise à disposition, qui accompagne le BEA, n'en est pas détachable. Ces deux contrats forment un **ensemble indivisible,** puisqu'aucun n'aurait été conclu sans l'existence de l'autre. Cette convention de mise à disposition a ainsi le caractère d'un **contrat administratif,** puisqu'attachée indissociablement au BEA, contrat administratif par détermination de la loi.

Cette convention de mise à disposition est d'autant plus fondamentale qu'elle organise les obligations des parties pour la majeure partie de l'exécution du contrat : en effet, la réalisation de l'ouvrage, dont l'obligation sera contenue dans le BEA lui-même, ne durera que peu de temps en comparaison avec la durée de mise à disposition, qui sera à la hauteur du temps d'amortissement de l'ouvrage.

Cette convention de mise à disposition sera particulière, étant donné qu'elle reste attachée à une mission de service public ou d'intérêt général gérée par la collectivité. Aussi, les caractéristiques de la mise à disposition organisée par cette convention devront respecter certains impératifs liés à l'intérêt général servi par l'ouvrage réalisé et mis à disposition par l'emphytéote.

Ainsi, le BEA comme la convention doivent prévoir des conditions particulières propres à garantir le respect du service public en cause et l'affectation de la dépendance domaniale donnée à bail.

118. – Enfin, en vertu de la nature administrative de cette convention de mise à disposition, la personne publique dispose d'un **pouvoir de contrôle de son cocontractant :** elle peut ainsi demander à vérifier, par exemple, que la maintenance de l'équipement est réalisée conformément aux obligations inscrites dans la convention de mise à disposition.

Chapitre 5

ASPECTS FINANCIERS ET FISCAUX DU BEA

§ 1. – Quels sont les avantages du BEA quant à la maîtrise des budgets publics ?

119. – L'avantage majeur du BEA est que le financement immédiat de l'équipement public, c'est-à-dire la mobilisation d'un capital souvent conséquent, sera effectué par l'emphytéote.

Aussi, c'est le partenaire privé qui aura la charge de l'emprunt, ou du mode de financement du projet qu'il aura retenu.

La collectivité devra ensuite payer pendant une durée relativement longue des loyers qui permettront au partenaire privé de percevoir les fruits de son investissement.

Cela permet à la collectivité territoriale de lisser dans le temps le coût réel du projet, sans qu'un endettement conséquent apparaisse au budget.

120. – Lorsqu'une collectivité emprunte seule, et paye des annuités d'emprunt, elle inscrit le remboursement du capital en section d'investissement et le règlement des intérêts en section de fonctionnement. Pour autant, le capital comme les intérêts de l'annuité doivent être couverts par l'autofinancement de la collectivité.

Qu'en est-il lorsque la collectivité paye les loyers relatifs à un bail emphytéotique ? L'instruction comptable M 14 dispose :

> « Si la commune a la disposition de l'ouvrage contre rémunération au preneur du bail qui a réalisé l'ouvrage, et en est le véritable propriétaire, les paiements en cause s'analysent comme un loyer, et s'imputent au compte 6132 "Locations immobilières" ».

L'instruction comptable ne prévoit pas de subdiviser le loyer en fonction des différents postes de dépenses et charges qu'il couvre. La collectivité publique paye un seul loyer à l'emphytéote, ce loyer étant pris en charge par le budget de fonctionnement. C'est dire que la section de fonctionnement va couvrir directement le financement des loyers. Les deux formules, maîtrise d'ouvrage publique et bail emphytéotique administratif, sont donc neutres pour l'équilibre financier de la collectivité.

Par ailleurs, le versement du fonds de compensation de la TVA au titre des baux emphytéotiques administratifs éligibles (V. *infra*, n° 140) implique la séparation de trois loyers (exploitation, frais financiers, capital emprunté par l'emphytéote) dans les comptes de la personne publique. On pratiquera alors l'inscription de deux loyers en section de fonctionnement (exploitation, frais financiers) et d'un loyer en section d'investissement (capital de la dette). Dans tous les cas, on voit bien que le recours à ce contrat ne modifie pas les résultats de l'analyse financière.

Dans la mesure où la collectivité recourt à un bail emphytéotique administratif, sa capacité d'endettement reste théoriquement intacte. Mais, les méthodes d'analyse financière utilisées aussi bien par les établissements financiers que par le trésor public, feront ressortir les marges d'autofinancement de la collectivité, qui elles-mêmes auront été diminuées par le paiement des loyers. L'absence de la dette dans les comptes de la collectivité jouera sur les ratios d'endettement. Mais, ces derniers n'interviennent qu'en pondération de la lecture de l'analyse financière qui reste l'élément le plus déterminant dans l'appréciation de la santé financière de la collectivité.

121. – L'instruction ne prévoit pas l'inscription des engagements pris dans le cadre d'un bail emphytéotique administratif. À la différence des engagements correspondant à un contrat de crédit-bail qui font l'objet d'un suivi en comptabilité hors bilan et figurent en annexe des documents budgétaires sur « l'état des engagements donnés et reçus ».

Selon l'instruction comptable :

> « Le crédit-bail est une opération de location de biens qui permet au locataire d'acquérir ces biens en totalité ou partiellement, moyennant une prime convenue à l'avance tenant compte, pour partie au moins, des versements effectués à titre de loyers.
>
> L'engagement correspondant fait l'objet d'un suivi en comptabilité hors bilan et figure en annexe des documents budgétaires sur l'état des engagements donnés et reçus.
>
> Pendant la période couverte par le contrat, le bien ne peut figurer à l'actif de la collectivité puisqu'elle n'en est pas propriétaire ».

Dès lors, le bail emphytéotique administratif ne peut entrer dans le champ d'application de l'arrêté du 16 décembre 2010 (*JO* 27 déc. 2010, n° 0297) réformant l'instruction comptable M 14 applicable aux communes et à leurs groupements. Cet arrêté prévoit que, lors de la mise à disposition des biens réalisés dans le cadre d'un contrat de partenariat public-privé, ceux-ci sont inscrits pour la totalité de leur valeur au compte 21 de la collectivité en contrepartie d'une écriture d'ordre au compte 1675 portant sur la totalité de la dette due au titre de leur financement. Dans la mesure où l'emphytéote demeure propriétaire des biens réalisés durant toute la vie du contrat, l'inscription au compte 21 de la collectivité lors de leur mise à disposition serait un contresens.

Les emprunts de l'emphytéote garantis par une hypothèque sur les biens réalisés dans le cadre du contrat sont à comptabiliser dans le montant des garanties et cautionnement que peut accorder une collectivité locale.

C'est ce que prévoit l'article L. 1311-3, 2° du Code général des collectivités territoriales :

> « Le droit réel conféré au titulaire du bail de même que les ouvrages dont il est propriétaire sont susceptibles d'hypothèque uniquement pour la garantie des emprunts contractés par le preneur en vue de financer la réalisation ou l'amélioration des ouvrages situés sur le bien loué.

Ces emprunts sont pris en compte pour la détermination du montant maximum des garanties et cautionnement qu'une collectivité territoriale est autorisée à accorder à une personne privée (...) ».

Cette disposition est d'ordre public. On ne peut y déroger.

Le Code général des collectivités territoriales complète ainsi l'article L. 1311-3, 2° :

« Le contrat constituant l'hypothèque doit, à peine de nullité, être approuvé par la collectivité territoriale ; ».

§ 2. – Comment déterminer la redevance d'occupation domaniale emphytéotique ?

122. – L'article L. 2125-1 du Code général de la propriété des personnes publiques (CGPP) réaffirme que **toute occupation privative du domaine public donne lieu au paiement d'une redevance.**

Aucun texte d'application des dispositions de la loi du 5 janvier 1988 n'a été pris relativement à la fixation du montant de la redevance.

La jurisprudence administrative a défini les règles que doivent respecter les collectivités locales dans la fixation du loyer du BEA.

123. – Tout d'abord, les modalités de mise à disposition du terrain objet du BEA doivent respecter le droit applicable aux aides locales aux entreprises.

En effet, l'article L. 1511-3 du Code général des collectivités territoriales dispose que :

« Le montant des aides que les collectivités territoriales et leurs groupements peuvent attribuer, seuls ou conjointement, sous forme de subventions, de rabais sur le prix de vente, **de location ou de location-vente de terrains nus ou aménagés** ou de bâtiments neufs ou rénovés est calculé par référence aux conditions du marché, selon des règles de plafond et de zone déterminées par décret en Conseil d'État. Ces aides donnent lieu à l'établissement d'une convention et sont versées soit directement à l'entreprise bénéficiaire, soit au maître d'ouvrage, public ou privé, qui en fait alors bénéficier intégralement l'entreprise ».

Ainsi, la mise à disposition du terrain objet du BEA dans des conditions particulièrement avantageuses pour l'emphytéote doit être justifiée au regard des contreparties dont il prend la charge, afin de ne pas être considérée comme une aide locale aux entreprises.

L'arrêt du Conseil d'État du 6 avril 1998, *Communauté urbaine de Lyon* (1), a permis de préciser que devaient être annulées pour excès de pouvoir les délibérations d'une assemblée délibérante prévoyant la passation d'un bail emphytéotique mettant gratuitement à la disposition d'une société un immeuble, et prévoyant l'exemption du paiement de redevance pendant un an pour prendre en compte les travaux d'aménagement à la charge du preneur.

Le Conseil d'État a estimé que les collectivités locales devaient revendre ou louer des bâtiments aux conditions du marché, les modalités de rabais ou d'abattement étant strictement encadrées. Ainsi, les avantages accordés par la collectivité ont été jugés disproportionnés au regard des obligations prises en charge par l'emphytéote.

Si une mise à disposition à une redevance plus faible que les conditions du marché est envisageable, elle doit avoir pour contrepartie la prise en charge

(1) CE, 6 avr. 1998, n° 151752, *Communauté urbaine de Lyon*.

par l'emphytéote de charges particulières, justifiant le montant réduit de la redevance.

124. – Dans le cadre du BEA, le loyer ou redevance du bail emphytéotique est généralement réduit pour tenir compte des obligations qui pèsent sur le preneur. En l'occurrence, l'intérêt de la collectivité ne réside pas dans la perception d'un loyer substantiel, mais dans la valeur des constructions ou aménagements réalisés par le preneur, appelé emphytéote. L'aménagement du domaine que l'emphytéote va réaliser constitue donc une contrepartie de nature à justifier une redevance réduite, dans les limites d'un certain équilibre.

D'une manière générale, il semble que la plupart des loyers des BEA soient fixés à, au moins, 5 % de la valeur vénale des terrains, et indexés sur l'indice INSEE du coût de la construction.

125. – Le Code général de la propriété des personnes publiques érige en principe le mécanisme d'une **redevance annuelle payable d'avance par l'occupant du domaine public.** Ce n'est que par exception que l'occupant peut se libérer en payant en une fois l'ensemble des redevances si la durée de l'autorisation d'occuper le domaine n'excède pas cinq ans, ou qu'il peut verser des acomptes.

Il peut paraître absurde de payer une redevance que l'on refacture de toute façon, selon l'usage, à la collectivité publique (dès lors que le contrat le prévoit). Mais, il n'est guère envisageable de déroger à cette pratique, sans quoi le preneur irait à l'encontre d'une disposition d'ordre public.

Le loyer du bail emphytéotique est généralement réduit pour tenir compte des obligations qui pèsent sur le preneur. En l'occurrence, l'intérêt de la collectivité territoriale ne réside pas dans la perception d'un loyer substantiel, mais dans la valeur des constructions ou aménagements réalisés par le preneur, appelé emphytéose.

Dans l'hypothèse où le terrain en question fait partie du domaine public de la collectivité, la valorisation du droit de propriété du preneur ne peut être effectuée que dans le seul but d'assurer le financement de la construction sur le domaine public projetée.

Dès lors l'article L. 2241-1 du Code général des collectivités territoriales est pleinement applicable :

> « Toute cession d'immeuble ou de droits réels immobiliers par une commune de plus de 2 000 habitants donne lieu à une délibération motivée du CM portant sur les conditions de la vente et ses caractéristiques essentielles. Le CM délibère au vu de l'avis de l'autorité compétente de l'État... ».

Il peut être ainsi rappelé que l'article L. 451-1 alinéa 1 du Code rural précise que :

> « le bail emphytéotique de biens immeuble confère au preneur un droit réel susceptible d'hypothèque (...) ».

126. – Dans l'hypothèse où le BEA porte sur le domaine public, le Code général de la propriété des personnes publiques émet l'obligation de fixation d'une redevance tenant compte de tous les avantages conférés par ladite occupation.

À cet effet l'article L. 2125-1 du Code général de la propriété des personnes publiques énonce :

> « Toute occupation ou utilisation du domaine public d'une personne publique mentionnée à l'article L. 1 donne lieu au paiement d'une redevance.

Par dérogation aux dispositions de l'alinéa précédent, l'autorisation d'occupation ou d'utilisation du domaine public peut être délivrée gratuitement :

1° Soit lorsque l'occupation ou l'utilisation est la condition naturelle et forcée de l'exécution de travaux ou de la présence d'un ouvrage, intéressant un service public qui bénéficie gratuitement à tous ;

2° Soit lorsque l'occupation ou l'utilisation contribue directement à assurer la conservation du domaine public lui-même ».

L'article L. 2125-1 du Code général de la propriété des personnes publiques précité laisse la possibilité de l'occupation gratuite du domaine dans certains cas limitativement énumérés.

L'avis du service des domaines est obligatoire. La gratuité ou la diminution de la redevance doit être par la suite adoptée si l'opération projetée entre dans les exceptions figurant dans la deuxième partie de l'article.

127. – Elle peut être fondée sur le fait que l'opération porte la « réalisation d'un ouvrage intéressant un service public qui bénéficie gratuitement à tous ».

En pratique, pour les opérations d'intérêt général, il semble que la plupart des loyers des BEA soient fixés à au moins 5 % de la valeur vénale des terrains (3 % pour la construction de logements sociaux), et indexés sur l'indice INSEE du coût de la construction.

Concernant le loyer de **la convention non détachable,** l'article L. 4111-1 du Code général de la propriété des personnes publiques précise que :

« la consultation de l'autorité compétente de l'État préalable aux baux, accords amiables et conventions quelconques ayant pour objet la prise en location d'immeubles poursuivies par les collectivités territoriales, leurs groupements et leurs établissements publics a lieu dans les conditions fixées à la section 3 du chapitre unique du titre Ier du livre III de la première partie du Code général des collectivités territoriales ».

L'article L1311-9 du Code général des collectivités territoriales indique quant à lui que :

« les projets d'opérations immobilières mentionnés à l'article L. 1311-10 doivent être précédés, avant toute entente amiable, d'une demande d'avis de l'autorité compétente de l'État lorsqu'ils sont poursuivis par les collectivités territoriales, leurs groupements et leurs établissements publics.

Les dispositions du premier alinéa ne sont pas applicables aux établissements publics locaux de crédit et aux associations foncières de remembrement et à leurs unions ».

Et l'article L1311-10 du Code général des collectivités territoriales de préciser que :

« Ces projets d'opérations immobilières comprennent :

1° Les baux, accords amiables et conventions quelconques ayant **pour objet la prise en location** d'immeubles de toute nature d'un loyer annuel, charges comprises, égal ou supérieur à un montant fixé par l'autorité administrative compétente ».

L'avis des domaines ne doit donc être sollicité que pour la fixation du loyer de la CND, si celui-ci atteint un minimum de 12 000e/an.

Il sera donné au regard non pas de la simple valeur locative du bâtiment mais à partir de la valeur financière de l'opération.

128. – Les apports de la jurisprudence en matière de redevances d'occupation domaniale dans le domaine des BEA cultuels. Il est à noter qu'un jugement récent du tribunal administratif de Cergy-Pontoise en date du 12 juin 2007 (2), concernant un BEA conclu en vue de l'affectation à une asso-

(2) TA Cergy-Pontoise, 12 juin 2007, n° 0306171, *Fédération culturelle des associations musulmanes de Montreuil*.

ciation cultuelle d'un édifice de culte ouvert au public, s'est prononcé sur la fixation de la redevance domaniale.

Ce jugement n'a pas été isolé : de nombreuses juridictions de première instance ont dû se prononcer sur les recours dirigés à l'encontre de BEA conclus en vue de l'affectation d'un édifice à un lieu de culte, cette possibilité ayant été introduite récemment au profit des collectivités locales (3). Les recours contestaient notamment le montant de la redevance domaniale, qu'ils estimaient notoirement insuffisant. Par un jugement en date 17 avril 2007, le tribunal administratif de Marseille s'est notamment prononcé sur la question (4).

129. – Dans chacune de ces affaires, la fixation d'une redevance domaniale extrêmement modique a été qualifiée de subvention à un culte, interdite par la loi de 1905. Ce raisonnement est bien entendu propre au domaine des BEA conclus en vue de l'affectation à une association cultuelle d'un édifice de culte ouvert au public. Cependant, il rejoint la notion d'aide à une entreprise, dans le sens où la mise à disposition du terrain dans le BEA, si elle est particulièrement avantageuse pour le bénéficiaire, peut constituer une aide illicite.

Le raisonnement est différent entre les deux types de BEA. Dans un BEA classique, le niveau de la redevance est établi en tenant compte du niveau de charge de l'emphytéote. Dans un BEA cultuel, un niveau de redevance très modique est en tout état de cause prohibé car il est assimilé à une subvention, interdite par la loi de 1905, relative à la séparation de l'Église et de l'État. Pour mémoire, une subvention est un acte effectué à titre gratuit, contrairement à un prix qui constitue un acte onéreux. La redevance étant trop modique perd son caractère onéreux. Elle ne constitue plus un prix, mais est requalifiée en subvention.

Des jugements ont apporté d'autres éléments quant aux modalités de détermination du montant de la redevance domaniale emphytéotique.

Ainsi, le tribunal de Marseille expose que :

> « (...) la détermination du montant du loyer annuel prévu par un tel bail doit résulter de la prise en compte d'une part, notamment, de la valeur du bien donné à bail, valeur diminuée par la nature même du bail emphytéotique administratif conclu pour l'affectation d'un édifice du culte ouvert au public et, le cas échéant, par les clauses limitant l'étendue des droits réels consentis et d'autre part, notamment, de la valeur du bien de retour à l'échéance du contrat ; (...) ».

Il est intéressant de noter que le tribunal administratif de Marseille, en sanctionnant la fixation de cette redevance modique, rappelle que :

> « (...) il n'est pas démontré qu'aucun autre organisme ou investisseur public ou privé n'était intéressé par le bien domanial existant (...) ».

Ainsi, le juge administratif contrôle que les personnes publiques ne bradent pas des biens dont elles pourraient tirer une valeur vénale. À l'inverse, une redevance domaniale modique pourrait se justifier pour un bien pour lequel il serait ardu de trouver preneur à d'autres conditions financières.

---

(3) V. par ex. : TA Lille, 9 janv. 2007, n° 0401078, *Assoc. bouddhiste Lao du Nord de la France*.

(4) TA Marseille, 17 avr. 2007, n°s 0605998, 0606190 et 0608297, *Ville de Marseille*.

§ 3. – L'emphytéote détient-il le « contrôle » sur l'ouvrage au sens comptable du terme ?

A. – L'amortissement de l'ouvrage

130. – Dans le cadre du BEA, l'emphytéote est propriétaire de l'ouvrage jusqu'à la fin du contrat. Il a donc la propriété juridique de l'ouvrage, contrairement à la DSP où il y a transfert *ab initio* de la propriété des biens de retour en faveur de la collectivité.

La question se pose de savoir si l'emphytéote a le « contrôle » de l'ouvrage au sens comptable du terme.

Selon le *Mémento comptable Francis Lefebvre,* « le contrôle résulte des contraintes imposées par la personne publique à l'opérateur sur les prestations à fournir (contenu et prix) et de l'existence d'un intérêt résiduel dans l'ouvrage, à la fin du contrat » (5). Notons que selon le Francis Lefebvre, les deux conditions seraient cumulatives.

131. – Cette notion de contrôle, entendue comme telle, amènerait aujourd'hui le Conseil national de la comptabilité à pencher dans le sens d'un contrôle de l'ouvrage par la collectivité quand il y a contrat de partenariat. Selon le mémento, les conclusions du groupe de travail du Conseil national de la comptabilité pourraient être étendues à d'autres types de contrats, notamment les AOT et les baux emphytéotiques des collectivités territoriales applicables dans les secteurs relevant des ministères de la Justice, de la Santé et de l'Intérieur (le mémento est précis : il ne désigne pas tous les baux emphytéotiques des collectivités territoriales). Cela impliquerait que les dotations aux amortissements soient prises en charge dans les comptes de la collectivité publique. À cette date, les dotations aux amortissements des baux emphytéotiques sont toujours inscrites dans les comptes de l'emphytéote.

B. – L'amortissement des droits réels de l'emphytéote

132. – Une autre approche des dotations amortissement se fait jour suivant les normes IFRIC. Dans les formules d'externalisation, le partenaire de l'administration qui se rémunère auprès de l'usager disposerait d'un droit d'usage sur l'équipement qui constituerait un droit incorporel amortissable. C'est à ce titre qu'un concessionnaire amortirait dans le futur un droit incorporel et non un droit corporel. Cela paraît logique dans la mesure où la collectivité publique est propriétaire *ab initio* de l'équipement. Le partenaire de l'administration qui se rémunère auprès d'elle disposerait d'un actif financier, c'est-à-dire d'une créance sur la collectivité publique.

133. – Le bail peut-il être analysé comptablement comme un droit réel constitué sur le domaine de la collectivité ? Le traitement comptable des droits d'occupation du domaine public n'a pas fait, à ce jour, l'objet de positions précises des autorités comptables.

La loi du 25 juillet 1994 instaure la création d'un droit réel de propriété sur les ouvrages édifiés sur le domaine public. Le bail emphytéotique s'inscrit dans ce cadre pour ce qui concerne les ouvrages réalisés. Mais, le bail lui-même génère-t-il un droit réel sur le domaine public ? Ou bien constitue-t-il simplement un contrat de location exclu du champ d'application des règles

(5) *Mémento comptable Francis Lefebvre, Les partenariats publics privés,* § 4144.

sur les actifs ? La définition du bail emphytéotique contient la constitution de droits réels sur le sol qui en fait l'objet. Ces droits réels sont nettement limités, notamment lorsqu'ils portent sur le domaine public. Mais, le preneur est bien titulaire de droits réels qu'il peut céder. Dès lors, le BEA génère par lui-même un droit réel sur le domaine de la collectivité, droit constitutif d'un actif incorporel qui pourrait figurer à l'actif du preneur et faire l'objet d'amortissements à ce titre.

Cela impliquerait que l'emphytéote dispose d'une créance au titre de ses loyers ainsi que d'un droit incorporel d'usage sur le domaine public. *Quid* de la valeur de ce droit ? Elle peut résulter de deux éléments : le montant de la redevance versée par le preneur à la collectivité, mais aussi la valeur et le potentiel économique du domaine faisant l'objet du bail.

C. – La durée de l'amortissement

134. – La durée de l'amortissement soulève d'autres questions : le bail emphytéotique est exclu du champ d'application de l'amortissement de caducité. Est-ce à dire que l'amortissement pour dépréciation ne pourra suivre que la durée de vie intrinsèque du bien et non celle de la durée de vie du contrat, c'est-à-dire de l'avantage économique attendu ?

Cela ne va pas dans le sens des évolutions actuelles. Les normes progressivement applicables en droit français veulent plutôt que les durées d'amortissement correspondent plus à une logique économique que juridique. Mais, il serait certainement choquant qu'un bien soit amorti sur quatre-vingt-dix-neuf ans alors que sa durée de vie raisonnable est par exemple de cinquante ans. La doctrine est hésitante sur cette question : tantôt, elle calque la durée d'amortissement du bien sur la durée prévisible d'occupation du domaine public, tantôt elle renvoie aux durées d'amortissement du plan comptable général.

En fait, dans le cadre précis du bail emphytéotique, il paraîtrait logique de déconnecter la durée de vie des ouvrages de la durée de vie du bail. La meilleure preuve en est que le preneur peut réaliser un ou des ouvrages, de façon tout à fait successive dans le temps, sur le domaine public qui fait l'objet du bail. Cette analyse est confirmée par l'article 39 D du Code général des impôts selon lequel :

> « L'amortissement des constructions et aménagements édifiés sur le sol d'autrui doit être réparti sur la durée normale d'utilisation de chaque élément.
> Cette disposition n'est pas applicable en cas de bail à construction passé dans les conditions prévues par les articles L. 251-1 à L. 251-8 du Code de la construction et de l'habitation ».

L'article 39 D n'exclut pas de son champ d'application les baux emphytéotiques administratifs.

§ 4. – Comment se concilie le régime de la subvention avec celui du BEA ?

135. – La subvention est définie par la circulaire du 3 août 2006, portant manuel d'application du Code des marchés publics, comme étant :

> « une contribution financière de la personne publique à une opération justifiée par l'intérêt général, mais qui est initiée et menée par un tiers. Il s'agira d'une subvention si l'initiative du projet vient de l'organisme bénéficiaire et si aucune contrepartie directe n'est attendue par la personne publique du versement de la contribution financière ».

Cette définition est très générale. Chaque subvention peut donner lieu à des critères d'attributions différents.

136. – Cependant, **le versement d'une subvention n'est pas subordonné par principe au fait que la personne bénéficiaire soit le maître d'ouvrage de l'équipement dont la réalisation est projetée.**

En effet, le versement d'une subvention est rarement conditionné par le montage contractuel retenu pour la réalisation concrète de l'opération d'intérêt général projetée.

Ce qui compte, c'est l'intérêt général attaché à l'opération projetée, l'impact du projet sur les domaines que la subvention entend soutenir.

L'article 10 de la loi du 12 avril 2000 relative aux droits des citoyens dans leurs relations avec les administrations et le décret n° 2001-495 du 6 juin 2001 impose, **lorsque la subvention allouée excède 23 000 €,** que la personne publique conclut, avec le bénéficiaire de la subvention, **une convention.**

L'article 10 de la loi du 12 avril 2000 dispose :

« L'autorité administrative qui attribue une subvention doit, lorsque cette subvention dépasse un seuil défini par décret, conclure une convention avec l'organisme de droit privé qui en bénéficie, définissant l'objet, le montant et les conditions d'utilisation de la subvention attribuée. Cette disposition ne s'applique pas aux organismes qui bénéficient de subventions pour l'amélioration, la construction, l'acquisition et l'amélioration des logements locatifs sociaux prévues au livre III du Code de la construction et de l'habitation.

Lorsque la subvention est affectée à une dépense déterminée, l'organisme de droit privé bénéficiaire doit produire un compte rendu financier qui atteste de la conformité des dépenses effectuées à l'objet de la subvention. Le compte rendu financier est déposé auprès de l'autorité administrative qui a versé la subvention dans les six mois suivant la fin de l'exercice pour lequel elle a été attribuée.

Le budget et les comptes de tout organisme de droit privé ayant reçu une subvention, la convention prévue au présent article et le compte rendu financier de la subvention doivent être communiqués à toute personne qui en fait la demande par l'autorité administrative ayant attribué la subvention ou celles qui les détiennent, dans les conditions prévues par la loi n° 78-753 du 17 juillet 1978 précitée.

Les organismes de droit privé ayant reçu annuellement de l'ensemble des autorités administratives une subvention supérieure à un montant fixé par décret doivent déposer à la préfecture du département où se trouve leur siège social leur budget, leurs comptes, les conventions prévues au présent article et, le cas échéant, les comptes rendus financiers des subventions reçues pour y être consultés ».

Le décret n° 2001-495 du 6 juin 2001 complète ainsi la loi du 12 avril 2000 :

« **Art. 1.** – L'obligation de conclure une convention, prévue par le troisième alinéa de l'article 10 de la loi du 12 avril 2000 susvisée, s'applique aux subventions dont le montant annuel dépasse la somme de 23 000 euros.

Art. 2. – L'obligation de dépôt prévue par le sixième alinéa de l'article 10 de la loi du 12 avril 2000 susvisée s'applique aux subventions dont le montant annuel dépasse la somme de 153 000 euros.

Art. 3. – Le compte rendu financier prévu par le quatrième alinéa de l'article 10 de la loi du 12 avril 2000 susvisée est établi selon des modalités fixées par un arrêté du Premier ministre ».

137. – La convention doit, en particulier, préciser les conditions d'utilisation de la subvention attribuée. Par ailleurs elle peut, sous le contrôle de la collectivité versante, prévoir que la personne bénéficiaire reverse une partie des sommes reçues, dans les conditions prévues par la convention, dès lors qu'elles n'ont pas été utilisées conformément à l'affectation convenue.

Une personne publique peut se voir verser une subvention par une autre personne publique : cette subvention peut donc être affectée au paiement par la personne publique des loyers de l'équipement réalisé par l'emphytéote.

L'emphytéote, personne privée, peut aussi recevoir des subventions d'équipement de la part d'une collectivité publique.

Il bénéficie alors, sur option, du régime de l'article 42 *septies* du Code général des impôts qui lui permet d'étaler l'imposition à l'IS de la subvention au rythme d'amortissement de l'investissement subventionné.

Ces subventions ne sont habituellement pas assujetties à la TVA. Cependant, la doctrine conduit maintenant à se poser la question suivante : le montant qui sert d'assiette à la subvention est-il hors-taxes, toutes taxes comprises, ou net de TVA ? Il convient de vérifier la fiche de calcul de la collectivité versante afin de déterminer si elle a subventionné un montant hors taxes, TTC ou net. Le régime de la subvention au regard de la TVA en découle. Si la subvention a consisté, par exemple, en une fraction d'un montant exprimé explicitement TTC, la subvention sera considérée comme assujettie à la TVA.

L'emphytéote peut recevoir une subvention d'équipement de la collectivité partie au bail, mais aussi d'une collectivité tierce, dès lors que l'activité concernée entre dans le champ des compétences de cette dernière.

A contrario, il nous paraît difficile d'envisager que l'emphytéote bénéficie de subventions de fonctionnement. Le bail est un contrat conclu à titre onéreux. Une subvention de fonctionnement serait requalifiée en complément de prix (contrairement à la concession ou à l'affermage, le transfert financier ne constituerait pas une participation à une mission de service public).

Dans une question publiée au *Journal officiel* le 30 juin 2009, un parlementaire, M. Daniel Fasquelle, a interrogé la ministre de l'Économie, de l'Industrie de l'Emploi sur l'éligibilité des baux emphytéotiques administratifs aux subventions publiques :

> « M. Daniel Fasquelle attire l'attention de Mme la ministre de l'Économie, de l'Industrie et de l'Emploi sur les baux emphytéotiques administratifs qui constituent l'une des catégories, au même titre que les baux emphytéotiques hospitaliers et les contrats de partenariats, de l'ensemble générique des partenariats publics privés. Il lui demande de bien vouloir confirmer l'éligibilité aux subventions, redevances et autres participations financières des baux emphytéotiques administratifs dès lors que ces baux reposent sur les mêmes mécanismes que ceux du contrat de partenariat (contrat global, maîtrise d'ouvrage privée, préfinancement privé d'équipements collectifs avec système de remboursement par loyers) et, le cas échéant, de bien vouloir lui présenter les arguments, notamment juridiques, susceptibles de contraindre une telle éligibilité ».

La ministre de l'Économie, de l'Industrie et de l'Emploi a formulé la réponse suivante parue au *Journal officiel* du 19 janvier 2010 :

> « L'article 25-1 de l'ordonnance n° 2004-559 du 17 juin 2004 sur les contrats de partenariat aligne le régime d'éligibilité à "des subventions, redevances et autres participations financières" des projets réalisés sur le fondement de cette ordonnance sur celui applicable aux projets réalisés sous le régime de la loi n° 85-704 du 12 juillet 1985 relative à la maîtrise d'ouvrage publique et à ses rapports avec la maîtrise d'œuvre privée. En l'absence de dispositions en ce sens aux articles L. 1311-2 et suivants du Code général des collectivités territoriales relatifs au bail emphytéotique administratif, les projets réalisés sous cette forme ne peuvent bénéficier d'un régime analogue. »

La position de la ministre de l'Économie, de l'Industrie et de l'Emploi présente un caractère général : les projets menés dans le cadre d'un bail emphytéotique administratif ne peuvent bénéficier de subventions.

Or, les dispositions relatives à l'éligibilité des baux emphytéotiques administratifs au fonds de compensation de la TVA prévoient expressément que celui-ci sera versé au fur et à mesure des versements effectués par la collectivité publique pour la part d'investissement, déduction faite des subventions spécifiques reçues TTC de l'État.

Au regard de l'article 1615-3 du Code général des collectivités territoriales, qui contient les dispositions relatives au régime du fonds de compensation de la TVA appliqué aux baux emphytéotiques administratifs, ces derniers peuvent bénéficier de subventions. S'agissant de déduire des subventions du montant de l'assiette du fonds de compensation de la TVA, il s'agit de subventions d'investissement.

L'État a visé particulièrement les subventions d'investissement TTC qu'il peut être amené à verser afin de ne pas verser deux fois le montant de la TVA dans le cadre d'un projet mené en bail emphytéotique administratif. Ce faisant, il admet le principe de l'éligibilité de ce contrat au bénéfice des subventions.

§ 5. – Quel est le régime juridique de l'éligibilité du BEA au FCTVA ?

138. – Dans le cadre de la convention de mise à disposition, et du point de vue du financement du BEA par la collectivité bailleresse, la loi n° 2008-735 du 28 juillet 2008 a rendu éligible au FCTVA l'opération en BEA sous certaines conditions.

Le nouvel article L. 1615-13 du Code général des collectivités territoriales introduit par l'article 38 de la loi de 2008 précitée dispose ainsi que :

« La collectivité territoriale ou l'établissement public, qui a passé un bail emphytéotique prévu à l'article L. 1311-2 d'un montant inférieur à un seuil fixé par décret et ayant donné lieu à une évaluation préalable dans les conditions prévues par l'article L. 1414-2, bénéficie d'attributions du fonds de compensation pour la taxe sur la valeur ajoutée sur la part de la rémunération versée à son cocontractant correspondant à l'investissement réalisé par celui-ci pour les besoins d'une activité non soumise à la taxe sur la valeur ajoutée. La part de la rémunération correspondant à l'investissement est celle indiquée dans les clauses prévues à l'article L. 1311-3 ».

139. – Par suite, ce nouvel article du Code général des collectivités territoriales pose trois conditions préalables à l'éligibilité d'un projet en BEA au FCTVA : la réalisation d'une évaluation préalable, une condition relative au montant du projet, ainsi que la réalisation d'une dépense réelle d'investissement pour les besoins d'une activité soumise à la TVA.

A. – L'éligibilité des projets de BEA dont le montant est inférieur au seuil fixé par décret

140. – Une harmonisation entre la jurisprudence administrative et la réglementation appliquée était attendue. En effet, lors de la préparation de la loi de finances pour 2005, le ministre du Budget avait réaffirmé dans une réponse à un parlementaire, M. Aeschlimann, député-maire d'Asnières, que le gouvernement n'entendait pas étendre le champ d'application du fonds de compensation de la TVA au bail emphytéotique administratif. Au cours de l'exercice 2007, deux propositions de loi avaient été déposées en vue d'étendre le bénéfice du FCTVA aux BEA (propositions de loi Novelli du 15 février 2007 et Le Fur du 20 décembre 2007), sans résultat.

La loi du 28 juillet 2008 relative au contrat de partenariat, dont les dispositions à cet égard sont reprises dans le Code général des collectivités territoriales (CGCT, art. L. 1311-3, 6° et L. 1615-13) a réglé cette question : les BEA bénéficieront désormais du FCTVA, sous réserve de respecter plusieurs conditions. La rémunération versée par la collectivité publique au preneur devra distinguer pour son calcul les coûts d'investissement, de fonctionnement et de financement. Seuls les BEA dont le montant est inférieur à un seuil fixé par décret seront éligibles. L'activité ne devra pas être soumise au régime de la TVA, ce qui est classique. Le bien devra appartenir au patrimoine de la collectivité ; ou bien l'éligibilité sera conditionnée par la décision de la personne publique d'intégrer le bien conformément aux clauses contractuelles. Le fonds de compensation sera versé au fur et à mesure des versements effectués par la collectivité publique pour la part d'investissement, déduction faite des subventions spécifiques reçues TTC de l'État. Ces conditions sont posées par l'article L. 1615-13 :

« La collectivité territoriale ou l'établissement public, qui a passé un bail emphytéotique prévu à l'article d'un montant inférieur à un seuil fixé par décret et ayant donné lieu à une évaluation préalable dans les conditions prévues par l'article L. 1414-2, bénéficie d'attributions du fonds de compensation pour la taxe sur la valeur ajoutée sur la part de la rémunération versée à son cocontractant correspondant à l'investissement réalisé par celui-ci pour les besoins d'une activité non soumise à la taxe sur la valeur ajoutée. La part de la rémunération correspondant à l'investissement est celle indiquée dans les clauses prévues à l'article .

L'éligibilité au fonds de compensation pour la taxe sur la valeur ajoutée est subordonnée à l'appartenance du bien au patrimoine de la personne publique ou à la décision de la personne publique d'intégrer le bien dans son patrimoine conformément aux clauses du contrat.

À la fin, anticipée ou non, du contrat, si l'équipement n'appartient pas au patrimoine de la personne publique, celle-ci reverse à l'État la totalité des attributions reçues au titre du présent article.

Les attributions du fonds de compensation pour la taxe sur la valeur ajoutée sont versées selon les modalités prévues à l'article, au fur et à mesure des versements effectués au titulaire du contrat et déduction faite de la part des subventions spécifiques versées toutes taxes comprises par l'État à la personne publique ».

L'article 3 du décret n° 2009-244 du 2 mars 2009 a fixé le seuil en-dessous duquel les BEA sont éligibles :

« Après l'article R. 1615-6 du même code, il est ajouté un article D. 1615-7 ainsi rédigé :

« Art. D. 1615-7. – Le seuil prévu à l'article L. 1615-13 est fixé à 10 millions d'euros HT. Le montant du bail emphytéotique correspond à la totalité de la rémunération versée par la personne publique au preneur pendant toute la durée du bail. »

« Cette rémunération distingue, pour son calcul, les coûts d'investissement, de fonctionnement et de financement. Elle est appréciée à la date de la signature du contrat ».

141. – Afin de déterminer l'assiette du FCTVA, le décret prévoit la répartition de la rémunération de l'emphytéote en trois composantes : l'investissement, le fonctionnement et le financement (c'est-à-dire les frais financiers, y compris les intérêts de la dette payée par l'emphytéote). Seule la partie de la rémunération relative à l'investissement intègre classiquement l'assiette du FCTVA.

La rémunération prise en compte pour le calcul du seuil de 10 millions d'euros hors-taxes est la rémunération totale de l'emphytéote sur toute la durée du contrat. Cette rémunération totale est appréciée à la date de signature du contrat. Cela implique qu'elle doit être appréciée sur toute la durée du contrat, mais avant la mise en œuvre de toute clause d'indexation.

La Mission d'appui à la réalisation des contrats de partenariat public-privé a réalisé au mois de mars 2009 une fiche relative aux subventions attribuées dans le cadre de tels contrats. La Mission d'appui indique que, lorsqu'une subvention est versée par une personne publique à une autre personne publique dans le cadre d'un contrat de partenariat public-privé, et que cette dernière reverse les sommes perçues au titulaire du contrat, elle le fait à son tour sous forme de subventions. Les subventions d'investissement reversées par une personne publique à son partenaire restent donc des subventions. Il ne s'agit pas d'un complément de loyer d'investissement que le partenaire facturerait à la personne publique. Les subventions d'investissement étant en règle générale nettes de TVA, la subvention reversée par la collectivité publique au partenaire est nette de TVA.

142. – Le régime du FCTVA applicable au BEA ayant été aligné, dès lors que la condition de seuil est remplie, sur celui du contrat de partenariat public-privé, le raisonnement par analogie nous paraît possible. Dès lors, les subventions d'investissement reçues par la collectivité publique et reversées à l'emphytéote n'entreraient pas, pour la détermination du seuil de 10 millions d'euros hors taxes, dans le calcul de la rémunération versée par la collectivité à l'emphytéote.

B. – L'éligibilité des projets de BEA ayant donné lieu à une évaluation préalable

143. – En vertu du nouvel article L. 1615-13 du Code général des collectivités territoriales, l'éligibilité d'un projet de BEA dont le montant est inférieur au seuil réglementaire doit avoir donné lieu à une évaluation préalable. Ce même article renvoie aux dispositions de l'article L. 1414-2 du même code relatif aux contrats de partenariat afin de fixer le régime juridique de l'évaluation préalable applicable au BEA.

Or, l'article L. 1414-2 du Code général des collectivités territoriales dispose que :

« I. – Les contrats de partenariat donnent lieu à une évaluation préalable précisant les motifs de caractère économique, financier, juridique et administratif qui conduisent la personne publique à engager la procédure de passation d'un tel contrat. Cette évaluation comporte une analyse comparative de différentes options, notamment en termes de coût global hors taxes, de partage des risques et de performance, ainsi qu'au regard des préoccupations de développement durable. Lorsqu'il s'agit de faire face à une situation imprévisible, cette évaluation peut être succincte. Cette évaluation est menée selon une méthodologie définie par le ministre chargé de l'économie.

Elle est présentée à l'assemblée délibérante de la collectivité territoriale ou à l'organe délibérant de l'établissement public, qui se prononce sur le principe du recours à un contrat de partenariat.

II. – Les contrats de partenariat ne peuvent être conclus que si, au regard de l'évaluation, il s'avère :

1° Que, compte tenu de la complexité du projet, la personne publique n'est pas objectivement en mesure de définir seule et à l'avance les moyens techniques répondant à ses besoins ou d'établir le montage financier ou juridique du projet ;

2° Ou bien que le projet présente un caractère d'urgence, lorsqu'il s'agit de rattraper un retard préjudiciable à l'intérêt général affectant la réalisation d'équipements collectifs ou l'exercice d'une mission de service public, ou de faire face à une situation imprévisible ;

3° Ou bien encore que, compte tenu soit des caractéristiques du projet, soit des exigences du service public dont la personne publique est chargée, soit des insuffisances et difficultés observées dans la réalisation de projets comparables, le recours à un tel contrat présente un bilan entre les avantages et les inconvénients plus favorable que ceux d'autres contrats de la commande publique. Le critère du paiement différé ne saurait à lui seul constituer un avantage ».

144. – Dès lors, il ressort clairement de ce nouvel article L. 1414-2, modifié par la loi n° 2008-735 du 28 juillet 2008 que l'évaluation préalable se décompose en deux phases.

D'une part, la personne publique doit démontrer le fondement sur lequel elle entend s'appuyer pour justifier son recours au BEA : l'urgence, la complexité ou l'efficience économique.

D'autre part, elle doit mener une étude comparative de nature à justifier le recours au BEA par rapport aux autres montages contractuels envisageables : maîtrise d'ouvrage privée ou maîtrise d'ouvrage publique.

La dernière phase de l'évaluation n'appelle aucun commentaire particulier. La personne publique qui envisage de recourir au BEA pour mener à bien son projet doit au préalable réaliser une étude comparative entre les différents montages possibles. Cette étude ayant pour objet de justifier le recours au BEA en terme de faisabilité juridique, de coûts et d'analyse des risques économiques notamment.

145. – En revanche, l'adaptation au BEA des trois différents fondements qui ont pour objet la justification du recours au contrat de partenariat semble plus difficile à mettre en œuvre.

En effet, il existe alors trois fondements en vertu de l'article L. 1414-2 du Code général des collectivités territoriales modifié par la loi du 28 juillet 2008 : l'urgence, la complexité du projet et le bilan coût/avantages mettant en avant l'efficacité du contrat de partenariat sur l'emploi éventuel d'un autre contrat public.

Or, l'urgence est un critère inutile pour justifier le recours au BEA dans la mesure où cette dernière forme contractuelle n'est pas dérogatoire contrairement au contrat de partenariat.

En ce qui a trait à la complexité du projet, deux points peuvent être distingués. À première vue, en effet, le BEA est une forme contractuelle essentiellement utilisée par les collectivités territoriales afin de se procurer ou de procéder à la remise en état d'exploitation d'un bien immobilier. Il s'agit donc de projets dont la mise en œuvre ne se révèle pas particulièrement complexe.

Néanmoins, dans l'éventualité où la personne publique souhaiterait recourir au dialogue compétitif, afin de sélectionner son emphytéote, la justification de la complexité s'impose. L'article 29 de la directive communautaire n° 2004/18/CE du 31 mars 2004 prévoit en effet que :

> « Lorsqu'un marché est particulièrement complexe, les États membres peuvent prévoir que le pouvoir adjudicateur, dans la mesure où il estime que le recours à la procédure ouverte ou restreinte ne permettra pas d'attribuer le marché, puisse recourir au dialogue compétitif conformément au présent article ».

C. – L'éligibilité d'une dépense réelle d'investissement au FCTVA pour les besoins d'une activité non soumise à la taxe sur la valeur ajoutée

146. – À supposer que le projet de BEA ne dépasse pas le montant réglementaire et ait donné lieu à une évaluation préalable positive, il faut encore réaliser une troisième condition. En effet, l'objet du BEA doit correspondre à une activité correspondant à des dépenses réelles d'investissement et qui ne soit pas soumise à la TVA.

L'article L. 1615-7 du Code général des collectivités territoriales dispose ainsi que :

> « Les immobilisations confiées dès leur réalisation ou leur acquisition à un tiers ne figurant pas au nombre des collectivités ou établissements bénéficiaires du Fonds de compensation pour la taxe sur la valeur ajoutée et exerçant une activité ne lui ouvrant pas droit à déduction

de la taxe sur la valeur ajoutée ayant grevé le bien donnent lieu à attribution du fonds pour les dépenses réelles d'investissement réalisées à compter du 1er janvier 2006 si :

a) Le bien est confié à un tiers qui est chargé soit de gérer un service public que la collectivité territoriale ou l'établissement lui a délégué, soit de fournir à cette collectivité ou cet établissement une prestation de services ;

b) Le bien est confié à un tiers en vue de l'exercice, par ce dernier, d'une mission d'intérêt général ;

c) Le bien est confié à titre gratuit à l'État ».

147. – Trois conditions cumulatives sont donc posées pour qu'une dépense réelle d'investissement soit éligible au FCTVA :

– tout d'abord, les immobilisations réalisées par le biais des dépenses réelles d'investissement doivent être mises à la disposition du tiers non éligible au fonds dès leur réalisation ou leur acquisition, ce qui est le cas dans le mécanisme contractuel du BEA ;

– ensuite, la mise à disposition de l'immobilisation au tiers doit soit être une modalité d'exécution du service public par la personne publique, soit permettre au tiers l'exercice d'une mission d'intérêt général qui lui a été confiée, soit consister en une mise à disposition gratuite du bien à l'État ;

– enfin, le tiers non éligible au fonds à qui est confiée l'immobilisation ne doit pas exercer une activité lui ouvrant droit à déduction de la TVA ayant grevé le bien.

1° L'éligibilité des dépenses réelles d'investissement

148. – Par un arrêt rendu le 27 juillet 2005, le Conseil d'État a eu l'occasion de se prononcer sur l'éligibilité du montage contractuel du BEA à l'attribution de reversements de la part du Fonds de Compensation de la TVA (6).

Cette décision a été rendue dans le cadre de l'article 42 de la loi du 29 décembre 1988 portant loi de finances rectificative pour 1988 qui exclut du bénéfice du FCTVA les dépenses réelles d'investissement réalisées par la collectivité territoriale pour des immobilisations mises à disposition d'un tiers ne figurant pas au nombre des collectivités ou établissements bénéficiaires du fonds. Pour autant, l'interprétation restrictive de ce texte que tentait de faire prévaloir l'État ne pouvait être que rejetée.

Le Conseil d'État avait déjà jugé dans un arrêt de principe :

> « qu'il ressort tant des travaux préparatoires, que des circonstances qui ont présidé à l'adoption du III précité de l'article 42 de la loi du 29 décembre 1988, que par mises à disposition au profit d'un tiers, le législateur a entendu viser les seuls cas où les conditions dans lesquelles une immobilisation est remise ou confiée par la collectivité ou l'établissement qui l'a réalisée à un tiers, non bénéficiaire du fonds de compensation, font apparaître que l'investissement a principalement eu pour objet ou pour effet d'avantager ce tiers » (7).

En 1998, cette solution avait été rendue à propos d'un ouvrage public confié à un tiers chargé, dans le cadre d'un contrat d'affermage, de la gestion du service public auquel était affecté cet ouvrage.

Cette jurisprudence a été, en 2005, logiquement étendue au cas où la gestion de l'équipement public est confiée à un tiers dans le cadre d'un bail emphytéotique administratif.

En effet, les mécanismes contractuels de la concession de service public comme du BEA supposent que les partenaires privés réalisent des ouvrages, destinés à terme à redevenir propriété de la personne publique, mais confiés pendant un certain délai aux partenaires privés.

---

(6) CE, 27 juill. 2005, n° 247566, *Min. Intérieur c/ Dpt du Lot-et-Garonne.*

(7) CE, 29 juill. 1998, n° 172155, *Cne de Flamanville.*

149. – Dans cet arrêt, le Conseil d'État a donc clairement affirmé que le mécanisme du BEA n'excluait pas par lui-même la possibilité pour les dépenses réelles d'investissement réalisées par la collectivité d'être éligibles au FCTVA, l'expression « mises à disposition au profit d'un tiers » s'entendant seulement d'une mise à disposition ayant eu pour objet ou pour effet d'avantager ce tiers.

2° La distinction des dépenses réelles d'investissement au sein du loyer versé par la personne publique

150. – Dans le cadre du BEA, les dépenses réelles d'investissement de la collectivité consistent dans le paiement des loyers pour la location de l'ouvrage à l'emphytéote. Le paiement d'une somme forfaitaire annuelle ne fait pas obstacle à l'éligibilité au FCTVA de cette somme, les attributions du fonds étant alors versées au fur et à mesure du paiement de cette redevance.

Cependant, le Conseil d'État a précisé que le fait qu'une redevance soit forfaitaire n'implique pas qu'elle ne puisse pas être décomposée en plusieurs postes, permettant d'isoler les dépenses réelles d'investissement, seules susceptibles d'être éligibles au FCTVA (8).

Ainsi, pour la Haute Assemblée, lorsqu'une collectivité territoriale verse une redevance forfaitaire annuelle à un cocontractant en vue de couvrir non seulement les dépenses d'investissement de celui-ci, mais encore les frais financiers et les coûts de maintenance de l'ouvrage, seule la part relative aux dépenses liées à la construction, à la réhabilitation ou au gros entretien d'un ouvrage sont susceptibles d'ouvrir droit au FCTVA.

Bien que le loyer du bail emphytéotique soit payé en section de fonctionnement, la collectivité déclarera la part d'investissement dans ses demandes de remboursement au titre du FCTVA, ce qui implique qu'elle fournisse un document annexe, non budgétaire, qui décompose le loyer.

L'article 38 de la loi n° 2008-735 a donné une base légale à cette obligation de décomposer le loyer versé à l'emphytéote. En effet, ce dernier article a introduit un 6° au sein de l'article L. 1311-3 du Code général des collectivités territoriales qui dispose que :

> « Lorsqu'une rémunération est versée par la personne publique au preneur, cette rémunération distingue, pour son calcul, les coûts d'investissement, de fonctionnement et de financement ».

Désormais, la distinction des dépenses réelles d'investissement au sein du loyer versé par la personne publique à l'emphytéote est une obligation légale. Cette obligation permet alors de bien isoler les sommes susceptibles d'ouvrir droit au bénéfice du FCTVA.

3° L'activité exercée ne doit pas ouvrir droit à déduction de la TVA ayant grevé le bien

151. – Cette limite est précisée par l'article R. 1615-2 du Code général des collectivités territoriales qui dispose que :

> « Ne figurent pas au nombre des dépenses réelles d'investissement ouvrant droit aux attributions du fonds de compensation pour la taxe sur la valeur ajoutée :
>
> 1° **Les dépenses concernant les immobilisations utilisées pour la réalisation d'opérations soumises à la taxe sur la valeur ajoutée,** sauf si elles sont exclues du droit à déduction de cette taxe par application du 2 de l'article 273 du Code général des impôts ;

---

(8) CE, 7 nov. 2005, n° 267163, *Cne d'Orange*.

2° Les dépenses exonérées de la taxe sur la valeur ajoutée à l'exception de celles mentionnées aux articles 294 à 296 du Code général des impôts ;
3° Les travaux réalisés pour le compte de tiers ;
4° Les dépenses relatives à des biens concédés ou affermés auxquelles peuvent être appliquées les dispositions du I de l'article 210 de l'annexe II au Code général des impôts ».

Dès lors, les loyers versés par la personne publique à l'emphytéote ne peuvent ouvrir droit au bénéfice du FCTVA que dans l'hypothèse où l'activité exercée constituant l'objet du BEA n'est pas soumise à la TVA.

152. – Afin de bien déterminer les activités susceptibles d'ouvrir droit au FCTVA, il convient de se reporter à la distinction opérée par les articles 256 A et 256 B du Code général des impôts ainsi qu'à l'article 271 du même code qui définit le droit à déduction (9).

L'article 256 A du Code général des impôts (10) précise que revêtent la qualité d'assujetties à la TVA, les personnes qui effectuent une activité économique, à savoir toute activité de producteur, commerçant ou encore prestataire de services.

En revanche, l'article 256 B du Code général des impôts (11) énonce que ne sont pas assujetties à la TVA, les personnes morales de droit public pour l'activité de leurs services administratifs, sociaux, éducatifs, culturels et sportifs.

En conséquence, les collectivités territoriales, personnes morales de droit public, peuvent en principe bénéficier du FCTVA pour leurs projets en BEA ayant pour objet l'exécution d'une mission de service public administratif.

Néanmoins, elles perdent ce bénéfice lorsque le BEA a pour finalité l'exercice d'une activité économique.

Pour une illustration de ces dispositions, le Conseil d'État a ainsi rappelé, dans un arrêt du 7 novembre 2005 (12), que :

« aux termes de l'article R. 1615-2 du Code général des collectivités territoriales : Ne figurent pas au nombre des dépenses réelles d'investissement ouvrant droit aux attributions du fonds de compensation pour la taxe sur la valeur ajoutée : 1° Les dépenses concernant les immobilisations utilisées pour la réalisation d'opérations soumises à la taxe sur la valeur ajoutée (...) ; qu'il ressort des pièces du dossier que l'espace culturel Clodius comporte, outre une bibliothèque et un musée, une salle de spectacles ; **que la représentation de spectacles à titre onéreux est, en vertu des articles 256 A et 256 B du Code général des impôts, une**

(9) « La taxe sur la valeur ajoutée qui a grevé les éléments du prix d'une opération imposable est déductible de la taxe sur la valeur ajoutée applicable à cette opération ».

(10) « Sont assujetties à la taxe sur la valeur ajoutée les personnes qui effectuent de manière indépendante une des activités économiques mentionnées au cinquième alinéa, quels que soient le statut juridique de ces personnes, leur situation au regard des autres impôts et la forme ou la nature de leur intervention (...).

Les activités économiques visées au premier alinéa se définissent comme toutes les activités de producteur, de commerçant ou de prestataire de services, y compris les activités extractives, agricoles et celles des professions libérales ou assimilées. Est notamment considérée comme activité économique une opération comportant l'exploitation d'un bien meuble corporel ou incorporel en vue d'en retirer des recettes ayant un caractère de permanence ».

(11) « Les personnes morales de droit public ne sont pas assujetties à la taxe sur la valeur ajoutée [TVA] pour l'activité de leurs services administratifs, sociaux, éducatifs, culturels et sportifs lorsque leur non-assujettissement n'entraîne pas de distorsions dans les conditions de la concurrence.

Ces personnes morales sont assujetties, en tout état de cause, pour les opérations suivantes :

(...) Opérations des organismes d'intervention agricoles portant sur les produits agricoles et effectuées en application des règlements portant organisation commune du marché de ces produits,

Organisation d'expositions à caractère commercial (...),

Entreposage de biens meubles,

Organisation de voyages et de séjours touristiques,

Diffusion ou redistribution de programmes de radiodiffusion ou de télévision ;

Télécommunications (...) ».

(12) CE, 7 nov. 2005, n° 267163, *Cne d'Orange*.

activité soumise à la taxe sur la valeur ajoutée ; que, par suite, le préfet de Vaucluse était fondé à refuser l'attribution sollicitée par la commune d'Orange en tant qu'elle se rapportait à la salle de spectacles et, dans les circonstances de l'espèce, à déterminer la fraction des dépenses pouvant faire l'objet d'une compensation par référence au prorata des surfaces éligibles ».

Ainsi, tout projet de BEA ayant, en partie, pour objet l'exécution d'une mission de service public industriel et commercial, comme c'est le cas pour la « représentation de spectacles à titre onéreux », n'est pas éligible au FCTVA.

§ 6. – Quelles sont les modalités de publicité foncière d'un BEA ?

153. – Le bail emphytéotique emporte transfert d'un droit réel immobilier. En conséquence, il doit être publié au fichier immobilier (Conservation des hypothèques).

Cette publication entraîne, pour le bail emphytéotique, la perception de la taxe de publicité foncière, lorsque l'option pour la TVA n'a pas été exercée (13).

En effet, les baux emphytéotiques (comme tous les baux) ne sont pas assujettis à la TVA, sauf option. L'article 260 du Code général des impôts prévoit :

> « Peuvent sur leur demande acquitter la taxe sur la valeur ajoutée :
>
> 2° Les personnes qui donnent en location des locaux nus pour les besoins de l'activité d'un preneur assujetti à la taxe sur la valeur ajoutée ou, si le bail est conclu à compter du 1er janvier 1991, pour les besoins de l'activité d'un preneur non assujetti.
>
> L'option ne peut pas être exercée :
>
> *a.* Si les locaux nus donnés en location sont destinés à l'habitation ou à un usage agricole ;
>
> *b.* Si le preneur est non assujetti, sauf lorsque le bail fait mention de l'option par le bailleur (1) (...) ».

Le non assujettissement à la TVA peut constituer un avantage concurrentiel, notamment lorsque le bailleur ne récupère pas la TVA sur ses dépenses d'exploitation. Certaines prestations de l'emphytéote dont le coût de production est net de TVA (frais financiers, frais de personnel...) pourront ainsi être facturées au bailleur sur la base du coût net de TVA (*a contrario* des coûts sur lesquels l'emphytéote paie une TVA qu'il ne récupère pas et qu'il répercute dans son prix de vente au bailleur ; *a contrario* également du bail assujetti à la TVA dans lequel l'emphytéote assujettira tous ses loyers et prestations à la TVA).

154. – Il appartient en principe à l'emphytéote de faire publier le transfert au fichier immobilier, et de s'acquitter de la taxe de publicité foncière.

Cependant, les BEA portant sur des biens immeubles, et l'établissement d'un acte authentique permettant d'éviter la contestation éventuelle du contrat, il est obligatoire de faire établir la convention par un notaire. Il lui appartiendra alors de procéder à ces formalités, et ses honoraires et frais comprendront cette taxe de publicité foncière.

La taxe est due au taux de 0,60 % sur le montant cumulé des loyers. L'article 742 du Code général des impôts précise toutefois que « la valeur à retenir ne saurait être inférieure, le cas échéant, à celle qui sert de base à la liquidation des droits d'enregistrement suivant les dispositions du présent code », ce qui

(13) Cf. CGI, art. 689.

signifie que l'administration serait en droit, en présence de loyers nuls ou insignifiants, de retenir le « prix de cession » réel, c'est-à-dire la valeur résiduelle en fin de bail des constructions édifiées.

A contrario, dès lors que les loyers correspondent à leur valeur économique normale, aucune taxation au titre des droits d'enregistrement ou de la TVA n'interviendra en fin de contrat lorsque le bien intégrera le patrimoine de la collectivité.

En outre, la publication rend exigible le salaire du conservateur des hypothèques, liquidé sur la base des loyers cumulés, augmentés de la valeur estimée en fin de bail de l'immeuble à construire, au taux de 0,10 %.

155. – Dans l'hypothèse d'une résiliation d'un bail à construction avant sa durée minimale (dix-huit ans), la Cour de cassation assimile cet événement à une cession au bailleur des immeubles réalisés par le preneur et entraîne l'exigibilité des droits de mutation à titre onéreux, ou si la résiliation intervient dans les cinq ans de l'achèvement de l'immeuble, l'exigibilité de la TVA immobilière.

Cette jurisprudence paraît directement transposable au bail emphytéotique, dont le régime fiscal est quasi identique à celui du bail à construction.

Cependant, l'article 1042 du Code général des impôts soustrait la collectivité au paiement des droits d'enregistrement :

> « I. – Sous réserve des dispositions de l'article 257, 7°, les acquisitions immobilières faites à l'amiable et à titre onéreux par les communes ou syndicats de communes, les établissements publics fonciers créés en application des articles L. 324-1 et suivants du Code de l'urbanisme, les départements, les régions et par les établissements publics communaux, départementaux ou régionaux ne donnent lieu à aucune perception au profit du Trésor ».

De son côté, l'article 257, 7° du Code général des impôts soumet à la TVA les opérations concourant à la production ou à la livraison d'immeubles dès lors qu'elles sont réalisées dans un délai de cinq ans à compter de leur achèvement. La cession au profit de la collectivité de l'immeuble réalisé par l'emphytéote dans ce délai rend l'opération imposable à la TVA. La TVA portera sur l'indemnité versée par la collectivité, indemnité qui sera égale normalement à l'amortissement résiduel de la construction.

On peut se demander si la convention de mise à disposition de l'assiette foncière doit également faire l'objet d'un enregistrement. L'assujettissement à la taxe de publicité foncière des baux emphytéotiques est prévu aux articles 689 et 742 du Code général des impôts, lesquels prévoient :

> « **Art. 689.** – L'acte constitutif de l'emphytéose est assujetti à la taxe de publicité foncière au taux prévu à l'article 742. »
>
> « **Art. 742.** – Les baux à durée limitée d'immeubles faits pour une durée supérieure à douze années sont soumis à la taxe de publicité foncière au taux de 0,60 %.
>
> Cette taxe est liquidée sur le prix exprimé, augmenté des charges imposées au preneur, ou sur la valeur locative réelle des biens loués si cette valeur est supérieure au prix augmenté des charges. Elle est due sur le montant cumulé de toutes les années à courir. »

Ces textes, pas plus que la doctrine que nous avons pu consulter sur ce sujet, ne font mention de l'enregistrement de l'acte qui met l'assiette foncière à disposition.

§ 7. – Quels sont les impôts et taxes sur les investissements ?

A. – La taxe locale d'équipement

156. – Les constructions édifiées par les collectivités territoriales et qui sont exonérées de taxe foncière le sont également de taxe locale d'équipement. Cette exonération a été étendue aux baux emphytéotiques administratifs par le décret n° 2009-569 du 20 mai 2009 relatif à l'exclusion du champ d'application de la taxe locale d'équipement des constructions réalisées au titre d'un contrat de partenariat ou d'autres contrats emportant transfert de maîtrise d'ouvrage publique qui dispose :

« L'article 317 *bis* de l'annexe II au Code général des impôts est ainsi modifié :
2° Il est inséré un 1° *bis* ainsi rédigé :
« 1° *bis* Les constructions édifiées pour le compte de l'État, des collectivités territoriales ou de leurs groupements, en vertu d'un contrat de partenariat, d'un bail emphytéotique administratif prévu à l'article L. 1311-2 du Code général des collectivités territoriales ou à l'article L. 6148-2 du Code de la santé publique, d'un bail prévu à l'article L. 2122-15 du Code général de la propriété des personnes publiques, d'un contrat mentionné à l'article 2 de la loi n° 87-432 du 22 juin 1987 relative au service public pénitentiaire ou à l'article 3 de la loi n° 2002-1094 du 29 août 2002 d'orientation et de programmation pour la sécurité intérieure, ou d'une autorisation d'occupation du domaine public assortie de droits réels, qui, à l'expiration de ce contrat, sont incorporées au domaine de la personne publique conformément aux clauses du contrat et exemptées de la taxe foncière sur les propriétés bâties en application du 1° de l'article 1382 du Code général des impôts.
La condition relative à l'absence de production de revenus prévue au 1° de l'article 1382 du Code général des impôts doit être appréciée au regard de la personne publique au domaine de laquelle l'immeuble doit être incorporé ».

B. – La redevance d'archéologie préventive (RAP)

157. – La loi du 28 juillet 2008 a modifié le mode de calcul de la redevance. Les fiches fiscales de la MAPPP de mars 2009 apportent les commentaires suivants :

« L'article 41 de la loi du 28 juillet 2008 modifiant l'article L. 524-7 du Code du patrimoine permet aux constructions réalisées dans le cadre des contrats énumérés à l'article 1048 *ter* du CGI, c'est-à-dire, s'agissant des contrats de partenariat, les actes portant autorisation d'occupation temporaire du domaine public constitutifs d'un droit réel immobilier délivrés soit par l'État ou l'un de ses établissements publics en application de l'article 13 de l'ordonnance n° 2004-559 du 17 juin 2004 sur les contrats de partenariat, soit par les collectivités territoriales, leurs groupements ou leurs établissements publics, en application de l'article L. 1414-16 du Code général des collectivités territoriales, de bénéficier de la valeur déterminée conformément au 4° de l'article 1585 D du CGI pour le calcul de l'assiette de la redevance ».

Article 41 de la loi du 28 juillet 2008 :

« Dans la quatrième phrase du premier alinéa du I de l'article L. 524-7 du Code du patrimoine, après les mots : "Les constructions", sont insérés les mots : ", y compris celles réalisées dans le cadre des contrats énumérés à l'article 1048 *ter* du même code" ».

L'article 1585 D du Code général des impôts établit le mode de calcul de la redevance pour le cas d'espèce de la façon suivante :

« I. – L'assiette de la taxe est constituée par la valeur de l'ensemble immobilier comprenant les terrains nécessaires à la construction et les bâtiments dont l'édification doit faire l'objet de l'autorisation de construire.
Cette valeur est déterminée forfaitairement en appliquant à la surface de plancher développée hors œuvre une valeur au mètre carré variable selon la catégorie des immeubles.
À compter du 1er janvier 2007, cette valeur est la suivante :
CATÉGORIES / PLANCHER hors œuvre nette (en euros)...

4° Locaux d'habitation et leurs annexes construits par les sociétés immobilières créées en application de la loi n° 46-860 du 30 avril 1946 ... : 234 ».

Les baux emphytéotiques administratifs bénéficient ainsi du prix d'assiette de la quatrième catégorie dont bénéficiaient déjà les constructions affectées au service public ou d'utilité publique. Le tarif de la redevance est de 0,3 % de l'assiette (soit pour les baux emphytéotiques administratifs 7,02 € le mètre carré), sachant que la redevance n'est pas due pour les travaux de construction créant moins de 1 000 mètres carrés de SHON ainsi que pour les travaux et aménagements réalisés sur des terrains d'une superficie inférieure à 3 000 mètres carrés.

§ 8. – Quel est le régime du crédit-bail immobilier dans le cadre d'un BEA ?

158. – L'article 1311-3 du Code général des collectivités territoriales dispose, en son dernier alinéa :

« 5° Les constructions réalisées dans le cadre de ces baux peuvent donner lieu à la conclusion de contrats de crédit-bail. Dans ce cas, le contrat comporte des clauses permettant de préserver les exigences du service public ».

Du point de vue de la technique juridique, **le crédit-bail s'analyse en une location avec option d'achat.** L'article 313-7 du Code monétaire et financier dispose ainsi que :

« Les opérations de crédit-bail sont des opérations par lesquelles une entreprise donne en location des biens immobiliers à usage professionnel, achetés par elle ou construits pour son compte, lorsque ces opérations, quelle que soit leur qualification, permettent au locataire de devenir propriétaire de tout ou partie des biens loués au plus tard à l'expiration du bail ».

Dans le cadre du BEA, l'emphytéote va alors solliciter un établissement de crédit-bail pour que celui-ci finance l'immeuble et en devienne propriétaire, tout en lui garantissant la possibilité de devenir propriétaire de l'immeuble réalisé, par le biais d'une option d'achat.

Le Conseil d'État, dans un avis du 19 avril 2005 (14), a validé la légalité de ce mode de financement des baux emphytéotiques administratifs de l'article L. 1311-2 du Code général des collectivités territoriales.

Cet alinéa a été introduit par le législateur par l'ordonnance n° 2006-460 du 21 avril 2006. Ainsi, le recours au crédit-bail, auparavant prévu pour l'État seul et dans des conditions restrictives, est expressément autorisé pour les collectivités locales, et ce sans condition restrictive.

A. – Sur la nature privée du contrat de crédit-bail attaché au financement du BEA

159. – Compte tenu des liens que ces contrats ont avec une occupation du domaine public, il pouvait être envisagé de leur reconnaître un caractère administratif. Mais le Tribunal des conflits en a jugé autrement (15). Il estime que dans ce contexte le contrat de crédit-bail « qui n'a pas lui-même pour

(14) CE, avis, 19 avr. 2005. – N. Symchowicz et P. Proot, *L'avis du 19 avril 2005 : d'utiles précisions sur le contenu et le régime d'exécution des conventions de délégation de service public : AJDA* 2006, p. 1371.

(15) T. confl., 21 mars 2005, aff. C-3436, *Sté Slibail Energie c/ Conflans-Saint-Honorine*.

objet l'occupation du domaine public, se borne à mettre en place une opération de financement entre deux sociétés commerciales ».

La circonstance que la collectivité propriétaire doit se substituer à l'emphytéote ne retire pas à ce contrat la qualification d'un **contrat de droit privé** (16).

B. – Sur la convention tripartite organisant les relations entre l'emphytéote, le crédit-bailleur et la collectivité bailleresse

160. – Afin de concilier les droits du crédit-bailleur et les intérêts du domaine public malgré cette appropriation privative temporaire d'un équipement public, la collectivité, l'emphytéote et le crédit-bailleur concluent des **conventions tripartites** qui ont pour objet d'organiser les droits de crédit-bailleur sur le sol et les ouvrages et de préciser le sort des biens en cas de défaillance de l'emphytéote ou de résiliation unilatérale par la collectivité propriétaire.

Afin de préserver les intérêts du domaine public, la collectivité s'engage de la sorte :

- soit à succéder à l'emphytéote comme preneur du contrat de crédit-bail ;
- soit à lui substituer un nouvel emphytéote ;
- soit à verser une indemnité pour l'incorporation des biens dans son patrimoine.

Les conventions tripartites ont, le plus souvent et au minimum, pour double objet, d'une part, d'organiser le droit du crédit-bailleur sur le sol et sur les constructions et, d'autre part, de prévoir le sort des biens en cas de résiliation, résolution ou annulation de la DSP ou du PPP.

Les stipulations contractuelles qui traitent de ce second sujet doivent viser à préserver la continuité du service public et prévoient généralement les modalités de poursuites du financement ou d'indemnisation du crédit-bailleur. Le maintien de l'affectation des biens à l'exercice du service public répond à l'exigence constitutionnelle de prévoir des clauses contractuelles qui permettent « de faire obstacle à ce que les prérogatives du crédit-bailleur ne soient incompatibles avec le bon fonctionnement du service public » (17).

L'arrêt de la cour administrative d'appel de Versailles du 14 septembre 2006 précité (18) confirme un autre aspect du montage : les conventions tripartites qui accompagnent généralement la conclusion des contrats de crédit-bail conclus avec les partenaires privés de montages complexes, dont l'emphytéote, sont des contrats de droit privé. Comme pour le contrat de crédit-bail, cette précision, outre le fait qu'elle implique évidemment la compétence du juge judiciaire, devrait emporter des conséquences de fond.

---

(16) CAA Versailles, 14 sept. 2006, n° 04VE03502, *Sté Unifergie*.

(17) Cons. const., déc. 22 août 2002, n° 2002-460 DC : *AJDA* 2002, p. 1059, note J.-Y. Chérot et J. Trémeau.

(18) CAA Versailles, 14 sept. 2006, n° 04VE03502, *Sté Unifergie*.

Chapitre 6

LE RÉGIME APPLICABLE À LA RUPTURE ANTICIPÉE DU BEA ET DE LA CONVENTION DE MISE À DISPOSITION

161. – La complexité comme la durée conséquente du contrat de BEA ainsi que de la convention de mise à disposition non détachable sont des facteurs qui concourent à l'intervention d'aléas ou de rupture d'équilibre de nature à remettre en cause ce montage contractuel avant le terme prévu de celui-ci.

La résiliation d'un contrat est une rupture des relations contractuelles qui ne vaut que pour l'avenir : ainsi, le contrat est réputé avoir existé entre sa signature et sa résiliation, à la différence des mécanismes de la résolution et de l'annulation du contrat, dans lesquels le contrat est réputé n'avoir jamais existé.

La nature administrative du BEA a pour conséquence qu'une résiliation du contrat peut intervenir du fait d'une décision unilatérale de l'administration, sans que celle-ci soit tenue de saisir au préalable le juge du contrat.

162. – Ce pouvoir de résiliation unilatérale n'appartient cependant qu'à la personne publique. Le cocontractant privé doit solliciter du juge du contrat qu'il prononce la résiliation du contrat de BEA (et des conventions qui lui sont attachées). Ce recours obligatoire au juge reste contraignant, puisqu'il suppose un délai d'attente conséquent.

Il est nécessaire de prévoir dans le contrat ces hypothèses de résiliation du montage contractuel du BEA : en effet, ces situations complexes peuvent faire naître des conflits importants et coûteux. Anticiper ces situations en posant des règles simples permet de gérer au mieux celles-ci.

Par ailleurs, la rupture précoce de ces relations contractuelles a des incidences fiscales non négligeables.

Enfin, cette rupture anticipée du montage remet en cause l'ensemble de la construction tendant au financement de l'ouvrage réalisé sur le terrain donné à bail : aussi est-il nécessaire de s'interroger sur le sort des contrats de financement passés par l'emphytéote, dans l'hypothèse d'une rupture des relations contractuelles entre la collectivité bailleresse et l'emphytéote.

§ 1. – Les hypothèses de résiliation du contrat à l'initiative de la personne publique

163. – En droit privé, l'article L. 451-5 du Code rural réserve au seul juge le pouvoir de prononcer la résiliation « en cas d'inexécution des conditions du contrat ou si le preneur a commis sur le fonds des détériorations graves ».

Cependant, en raison de ce caractère administratif du contrat, **la collectivité dispose du pouvoir de résilier unilatéralement le contrat**, notamment pour un motif d'intérêt général, sans devoir solliciter du juge qu'il prononce une telle résiliation : ainsi, dans l'arrêt *Sofap-Marignan*, le Conseil d'État (1) a jugé, que :

> « (...) si, contrairement aux dispositions de l'article L. 451-5 du Code rural, le bailleur a en l'espèce le droit de résilier unilatéralement la convention dans certaines hypothèses, une telle stipulation, exorbitante du droit commun, peut être insérée dans un bail souscrit en application des dispositions précitées de l'article 13 de la loi du 5 janvier 1988, sans que le contrat ainsi passé perde sa qualité de bail emphytéotique ».

Ainsi, il est préférable de prévoir dans le contrat, afin de préserver les droits de l'emphytéote, qu'une mise en demeure et éventuellement un entretien préalable précède toute prononciation unilatérale de résiliation du BEA par la personne publique.

Par ailleurs, le contrat peut prévoir des modalités particulières de résiliation pour faute de l'emphytéote, et notamment réserver cette possibilité à une faute d'une particulière gravité par exemple.

La solution jurisprudentielle dégagée par le Conseil d'État dans son arrêt *Sofap-Marignan* reconnaît la légalité de la possibilité pour la personne publique de résilier unilatéralement le contrat, sans devoir passer au préalable devant une instance juridictionnelle « dans certaines circonstances » : cette solution est donc applicable tant à l'hypothèse d'une résiliation unilatérale pour faute de l'emphytéote que tant à l'hypothèse d'une résiliation unilatérale pour motif d'intérêt général.

A. – La résiliation pour motif d'intérêt général

164. – Le BEA, comme la convention de mise à disposition qui y est indissociablement attachée, est un contrat administratif par détermination de la loi : en effet, l'article L. 1311-3 du Code général des collectivités territoriales dispose expressément que les litiges relatifs à ces baux sont de la compétence du juge administratif.

Ce caractère administratif confère à la personne publique le pouvoir de résilier unilatéralement le contrat pour un motif d'intérêt général, sans qu'il ne puisse être reproché à l'emphytéote une quelconque faute dans l'exécution du contrat.

La collectivité détient ce pouvoir même en l'absence de toute stipulation contractuelle : en effet, ce pouvoir de résiliation unilatérale pour motif d'intérêt

(1) V. *supra*, n° 15.

général est un principe attaché à tout contrat administratif. Cependant, il peut paraître opportun de déterminer dans le contrat les modalités que pourra emprunter cette décision de rupture (mise en demeure, préavis éventuel, justification du motif d'intérêt général, clause prévoyant le rapprochement éventuel des parties afin de trouver un accord permettant la poursuite du contrat...).

B. – La résiliation pour faute de l'emphytéote

165. – Le contrat doit nécessairement prévoir la nature et les caractéristiques des fautes commises par l'emphytéote qui peuvent ouvrir à la collectivité la possibilité de décider la résiliation unilatérale.

En effet, les conséquences d'une rupture du contrat peuvent être particulièrement graves pour l'emphytéote : aussi est-il préférable de réserver dans le contrat cette possibilité à une faute d'une particulière gravité.

De même, l'instauration d'une procédure imposant non seulement à la collectivité de mettre en demeure l'emphytéote, mais aussi de le convoquer en entretien afin d'établir un dialogue, peut permettre d'éviter la résiliation, qui reste une solution radicale consistant à mettre fin à toute relation contractuelle.

C. – L'indemnisation de l'emphytéote

1° Une rupture du contrat pour motif d'intérêt général suppose que l'emphytéote soit indemnisé

166. – En l'absence de toute faute imputable à l'emphytéote, l'exercice par la collectivité bailleresse de son pouvoir de résiliation unilatérale pour motif d'intérêt général ne peut intervenir au détriment des droits pécuniaires du cocontractant de l'administration.

Ainsi, l'emphytéote a le droit d'être indemnisé du préjudice qu'il a subi du fait de l'inexécution de la partie du contrat qui restait à courir.

2° Une résiliation pour faute de l'emphytéote exclut en principe toute indemnisation de celui-ci

167. – Le principe veut que lorsque la résiliation intervient en raison d'une faute de l'emphytéote, celui-ci ne puisse pas prétendre à être indemnisé du préjudice en résultant, puisqu'il est sensé en être responsable. Une indemnisation minimum peut cependant être envisagée par le contrat.

Cette absence d'indemnisation n'empêche cependant pas l'emphytéote d'avoir le droit d'être payé des prestations effectuées antérieurement à la résiliation.

D. – Une mesure de résiliation unilatérale susceptible d'être soumise au contrôle du juge du contrat

168. – Il est à noter que, si le principe veut qu'en matière d'exécution d'un contrat, le cocontractant ne puisse pas obtenir du juge l'annulation des mesures prises par la personne publique, mais simplement une indemnisation du préjudice qu'elles ont causé, il en va différemment des contrats qui imposent au cocontractant d'importants investissements (2).

Aussi, en matière de BEA, cette jurisprudence pourrait être applicable aux mesures de résiliation unilatérale prises par la personne publique.

---

(2) V. en ce sens l'arrêt du CE, 26 nov. 1971, n° 75710, *SIMA*.

§ 2. – Les hypothèses de résiliation du contrat à l'initiative du cocontractant privé

169. – Ainsi qu'il a été précédemment exposé, le régime général des contrats administratifs n'admet pas l'exception d'inexécution au bénéfice de la personne privée : aussi, en cas de non-respect par la personne publique de ses obligations, le partenaire privé ne dispose pas de la faculté de prononcer la résiliation de la convention.

En effet, aucun pouvoir de décision unilatérale n'est reconnu au cocontractant privé de l'administration : ce pouvoir fait partie des prérogatives exorbitantes reconnues à la seule personne publique. Ensuite, l'intérêt général attaché aux contrats administratifs justifie souvent qu'une continuité de l'exécution des contrats soit assurée.

Dès lors, lorsque le cocontractant privé envisage la résiliation de la convention qui le lie à la personne publique, il doit nécessairement saisir le juge du contrat afin que celui-ci la prononce. Cette saisine préalable du juge implique un délai d'attente conséquent.

A. – L'hypothèse d'une inexécution par l'administration de ses obligations

170. – Selon un principe séculaire (3), le cocontractant de l'administration ne peut opposer à celle-ci l'exception d'inexécution : il doit poursuivre l'exécution de ses obligations en dépit de l'inexécution des siennes par l'administration, alors que les fautes du cocontractant autorisent l'administration à ne pas exécuter ses obligations.

Toutefois, comme le relève F. Llorens (4),

> « on ne peut (...) pas dire que l'exception d'inexécution est inopposable à l'administration. Elle est au contraire possible. Mais la jurisprudence ne l'admet que dans des circonstances tout à fait exceptionnelles où l'obligation d'exécuter strictement le contrat aurait pour conséquence, soit de bouleverser la situation du cocontractant, soit de compromettre la bonne exécution de l'ouvrage ».

171. – Mais en dehors de cette exception particulière au marché public de travaux, le cocontractant n'a que la possibilité d'être indemnisé ou de faire prononcer la résiliation du contrat par le juge, si la gravité de la situation le justifie.

En cas d'inexécution par la personne publique de ses obligations contractuelles, le cocontractant privé de l'administration ne pourra donc pas interrompre l'exécution de ses propres obligations tant que le juge du contrat, qu'il devra saisir lui-même, n'aura pas prononcé la résiliation du contrat.

Il faut noter que le juge ne résiliera le contrat qu'en cas de manquement grave de l'administration à ses obligations, il allouera sinon des dommages et intérêts au cocontractant privé en réparation du préjudice subi.

B. – La force majeure administrative

172. – La notion de force majeure administrative a été introduite par l'arrêt du Conseil d'État, *Compagnie des tramways de Cherbourg*, rendu le 9 décembre 1932 (5).

---

(3) V. par ex. CE, 7 janv. 1976, n° 92888, *Ville d'Amiens*.
(4) In *Contrat d'entreprise et marché de travaux publics*, p. 443.
(5) *GAJA*, 12e éd., p. 292.

Il résulte de cet arrêt que dans le cas où des circonstances imprévisibles ont eu pour effet de bouleverser définitivement le contrat de telle sorte que le cocontractant ne peut plus équilibrer ses dépenses avec les ressources qui lui sont procurées par l'exécution du contrat, et si aucun accord amiable sur une réorientation de l'exploitation n'intervient, le cocontractant peut demander au juge du contrat de prononcer la résiliation du contrat, avec indemnité s'il y a lieu.

Cette force majeure ouvrant au cocontractant privé la possibilité de demander au juge la résiliation du contrat se distingue de la force majeure exonérant le partenaire privé de sa responsabilité contractuelle en ce qu'il n'est pas exigé que l'exécution du contrat soit rendue totalement impossible : à force d'efforts financiers, le cocontractant pourrait encore la poursuivre.

C. – Notions proches n'ouvrant droit qu'à indemnisation du cocontractant privé

1° Les sujétions imprévues

173. – La théorie des sujétions imprévues trouve à s'appliquer presque uniquement dans les marchés de travaux publics.

Les sujétions imprévues consistent en des difficultés matérielles rencontrées lors de l'exécution du marché, présentant un caractère exceptionnel, imprévisibles lors de la conclusion du contrat et dont la cause est extérieure aux parties.

Le cocontractant privé n'est pas alors exonéré de son obligation de poursuivre l'exécution du contrat, mais il a le droit d'être indemnisé du préjudice subi.

2° L'imprévision

174. – La théorie de l'imprévision a été adoptée par un arrêt du Conseil d'État de 1916, *Compagnie générale d'éclairage de Bordeaux* (6).

L'imprévision suppose la survenance d'évènements imprévisibles au moment de la conclusion du contrat, qui bouleversent absolument l'économie du contrat. Ces circonstances économiques exceptionnelles doivent provoquer des majorations de prix de revient absolument imprévisibles au moment de la conclusion du contrat. La situation d'imprévision ouvre alors au cocontractant de l'administration un droit à être indemnisé, à la condition qu'il n'ait pas interrompu l'exécution du contrat.

La théorie de l'imprévision, qui a beaucoup joué dans les contentieux des contrats dont l'exécution s'est poursuivie pendant la première guerre mondiale, trouve aujourd'hui à moins s'appliquer du fait de l'insertion de clauses de variation des prix dans les contrats.

À la différence de l'indemnité d'imprévision, l'indemnité de résiliation pour cause de force majeure comprend les charges extracontractuelles supportées par le cocontractant privé de l'administration.

§ 3. – Les conséquences fiscales d'une rupture anticipée

175. – La fin du BEA et de la convention de mise à disposition, qu'elle intervienne au terme normal du contrat ou de manière anticipée, **fait entrer**

(6) *GAJA*, 12e éd., p. 184.

les ouvrages édifiés par l'emphytéote sur le terrain du bail dans le patrimoine de la personne publique bailleresse.

Une clause du contrat devra rappeler qu'au terme du contrat de BEA, que celui-ci intervienne à l'échéance prévue ou de manière anticipée, pour quelque raison que ce soit (résiliation pour motif d'intérêt général ou pour faute de l'emphytéote), l'ensemble des ouvrages réalisés sur le terrain d'assise du BEA entre dans le patrimoine de la collectivité bailleresse.

Selon les hypothèses expliquées ci-dessus, ce transfert des ouvrages dans le patrimoine de la collectivité peut entraîner un droit à indemnisation (lorsque le terme anticipé intervient en l'absence de toute faute de l'emphytéote, ou lorsque le contrat a prévu une indemnisation minimum de l'emphytéote même en cas de faute).

§ 4. – Les conséquences fiscales du transfert de la propriété des ouvrages

A. – Les droits de mutation

176. – En cas de résiliation anticipée du bail emphytéotique, le preneur perd son droit de propriété temporaire sur les constructions qu'il a édifiées et permet à la collectivité publique bailleresse d'accéder à la propriété de ces constructions avant l'expiration du bail.

Entraînant ainsi un transfert de propriété des immeubles, la résiliation constitue une mutation soumise au droit de vente d'immeubles, assis sur le montant de l'indemnité.

Aussi, dans l'hypothèse où la résiliation du BEA et de la convention de mise à disposition n'a pas donné lieu au versement d'une indemnité (hypothèse de résiliation du BEA pour faute grave de l'emphytéote par exemple), l'assiette des droits de mutations est alors inexistante.

Par ailleurs, l'article 1378 *bis* dispose :

> « Les mutations de toute nature ayant pour objet, en matière de bail emphytéotique, soit le droit du bailleur, soit le droit du preneur, sont soumises aux dispositions du présent code concernant les transmissions de propriétés d'immeubles ».

Ainsi, si une résiliation anticipée du contrat de BEA intervenait par le biais d'une cession des droits du bailleur ou du preneur (dans le cas d'une reprise du contrat par une personne privée, ou dans l'hypothèse d'une cession par la collectivité de ses propres droits), ces opérations seraient soumises aux règles fiscales applicables à la transmission d'immeubles.

B. – L'exonération de TVA en cas de résiliation anticipée

177. – L'article 261-5-4° du Code général des impôts exonère de la TVA les opérations portant sur les baux à construction et par extension administrative sur les baux emphytéotiques, sauf option contraire.

178. – Il convient toutefois de préciser que cette exonération ne porte normalement que sur les loyers concernés par ces baux de longue durée et non sur les droits réels correspondants.

Par ailleurs, selon les termes de l'article 257, 7° du Code général des impôts, les cessions qui portent sur les immeubles bâtis sont assujetties à TVA lorsqu'elles portent :

– soit sur des immeubles vendus en état futur d'achèvement ;

– soit sur des immeubles vendus après achèvement, mais à la double condition :

• que la vente intervienne dans les cinq ans de l'achèvement,

• que la vente n'ait pas été précédée d'une autre mutation à titre onéreux postérieure à l'achèvement et consentie à une personne n'ayant pas la qualité de marchands de biens.

À l'inverse, les dispositions de l'article 257, 7° du Code général des impôts rendent donc inapplicable le régime de la TVA aux opérations qui interviennent plus de cinq ans après l'achèvement de l'immeuble, ainsi qu'aux opérations faites avant l'expiration de ce délai si elles ont été précédées d'une autre mutation à titre onéreux postérieure à l'achèvement et consentie à une personne n'ayant pas la qualité de marchands de biens.

La résiliation anticipée par la personne publique du BEA pour un motif d'intérêt général, donnant ainsi lieu à indemnisation, aurait pour conséquence de soumettre le transfert de propriété immobilière opéré par cette résiliation à TVA, s'agissant d'un immeuble achevé depuis moins de cinq années, et non précédée d'une mutation à titre onéreux à une personne n'ayant pas la qualité de marchand de biens.

§ 5. – Le sort des contrats de financement passés par l'emphytéote

179. – L'article L. 1311-3 3° du Code général des collectivités territoriales dispose que :

> « La collectivité territoriale a la faculté de se substituer au preneur dans la charge des emprunts en résiliant ou en modifiant le bail et, le cas échéant, les conventions non détachables ».

En effet, il est nécessaire, en raison de l'objet d'intérêt général attaché à l'exécution du montage contractuel, que la collectivité publique bailleresse puisse être en mesure de perdurer seule l'exécution du financement de l'ouvrage en cas de rupture des relations contractuelles entre elle et l'emphytéote.

Il est nécessaire de prévoir dans le contrat de BEA la possibilité pour la collectivité bailleresse, en cas de résiliation anticipée du contrat, de se substituer à l'emphytéote dans l'exécution des contrats de financement que celui-ci a conclus pour la réalisation des ouvrages sur le terrain d'assise du BEA.

De son côté, l'emphytéote doit permettre cette substitution éventuelle de la collectivité dans les contrats qu'il conclut avec ses partenaires financiers, afin que ceux-ci ne s'opposent pas à la reprise, par la collectivité, des obligations financières du preneur.

Cependant, il faut noter que la collectivité dispose d'une simple faculté : elle n'est pas tenue de reprendre l'ensemble des obligations du preneur tenant à ses contrats de financement lors d'une rupture des relations contractuelles. En effet, il peut être prévu d'autres modalités de rupture des relations, et la collectivité peut céder son contrat à un tiers, qui serait alors le repreneur des obligations de l'emphytéote. En cédant son contrat, la collectivité laisse au repreneur la charge de poursuivre les obligations de l'emphytéote, ainsi que les contrats de financement passés.

Chapitre 7

BEA ET AUTRES CONTRATS

§ 1. – Quels sont les points communs et les différences entre le BEA et l'AOT ?

180. – L'article L. 2122-20 du Code général de la propriété des personnes publiques étend aux collectivités locales l'application de l'autorisation d'occupation temporaire constitutive de droits réels, déjà existante pour le domaine de l'État.

Désormais, aux termes de l'article L. 2122-20 du Code général de la propriété des personnes publiques, les collectivités territoriales, leurs groupements et leurs établissements publics peuvent :

– soit conclure sur leur domaine public un bail emphytéotique administratif, dans les conditions déterminées par les articles L. 1311-2 à L. 1311-4-1 du Code général des collectivités territoriales ;

– soit délivrer des autorisations d'occupation constitutives de droit réel, dans les conditions déterminées par les articles L. 1311-5 à L. 1311-8 du Code général des collectivités territoriales.

Si les deux mécanismes d'occupation domaniale peuvent être conclus « en vue de l'accomplissement, pour leur compte, d'une mission de service public ou en vue de la réalisation d'une opération d'intérêt général relevant de leur compétence », et ont pour effet de constituer des droits réels sur le domaine public, ils présentent cependant des différences.

À titre préliminaire, il est à noter que l'AOT peut être « délivrée », à la manière d'une autorisation administrative, quand le BEA est « conclu », à la manière d'un contrat. Cependant, en pratique, l'AOT peut revêtir une forme unilatérale ou contractuelle.

181. – **Tout d'abord, l'AOT ne peut être accordée que sur le domaine public des collectivités locales.** Or, un BEA, ainsi que le démontre la rédaction de l'article 1311-2 du Code général des collectivités territoriales, peut être accordé sur tout immeuble appartenant à une collectivité publique, que celui-ci se trouve sur son domaine public ou sur son domaine privé.

182. – Le champ d'application de **l'AOT concerne le seul domaine public artificiel,** au contraire du champ d'application du BEA qui, lui, exclut les dépendances soumises aux contraventions de voirie.

En effet, l'article L. 1311-8 du Code général des collectivités territoriales dispose que les articles relatifs à l'AOT ne sont pas applicables au domaine public naturel. Le domaine public naturel tire son origine de phénomènes naturels (rivage de la mer, lais et relais de la mer, sol et sous-sol de la mer territoriale, ports naturels, cours d'eau navigables ou flottables...).

Mais l'AOT concerne l'entier domaine public artificiel : les dépendances du domaine public soumises à contravention de voirie peuvent donc faire l'objet d'une AOT constitutive de droits réels.

Cette évolution fait partie d'un mouvement général qui tend à questionner le régime protecteur du domaine public, considéré comme beaucoup trop rigide, et comme un frein empêchant les personnes publiques de valoriser leurs propriétés.

Aujourd'hui, l'exclusion des dépendances du domaine public soumises aux contraventions de voirie du champ d'application n'a plus de sens, puisque le mécanisme de l'AOT peut être utilisé sur celles-ci.

Cependant, l'exclusion du champ d'application de l'AOT du domaine public naturel n'a pas plus de cohérence, quand le BEA lui n'est pas concerné par cette exclusion.

183. – La durée du BEA doit être comprise entre dix-huit et quatre-vingt-dix-neuf ans, quant à l'AOT, elle n'est pas soumise à une durée minimum, mais ne doit pas dépasser soixante-dix ans.

184. – L'objet de ces deux mécanismes diffère partiellement. Si l'AOT peut être conclue « en vue de l'accomplissement, pour [le] compte [des collectivités territoriales], d'une mission de service public ou en vue de la réalisation d'une opération d'intérêt général relevant de leur compétence », à l'instar du BEA, son objet est cependant plus limité.

En effet, le BEA peut désormais être conclu de manière générale en vue de l'affectation à une association cultuelle d'un édifice de culte ouvert au public, mais également en vue d'opérations liées aux besoins de la justice, de la police ou de la gendarmerie nationales, ainsi que d'un établissement public de santé ou d'une structure de coopération sanitaire dotée de la personnalité morale publique, jusqu'au 31 décembre 2007, ainsi qu'en vue d'opérations liées aux besoins d'un service départemental d'incendie et de secours jusqu'au 31 décembre 2010 (1).

Ces recours ne sont pas prévus pour l'AOT, qui ne peut être conclue qu'en vue de l'accomplissement, pour le compte de collectivités locales, d'une mission de service public ou en vue de la réalisation d'une opération générale relevant de leur compétence.

En matière d'AOT, la condition d'intérêt public local est notamment satisfaite concernant les activités ayant trait à l'exploitation d'un port ou d'un aéroport et qui sont de nature à contribuer à leur animation ou à leur développement.

185. – Le sort de biens en fin de contrat diffère également. Dans le cadre du BEA, les ouvrages réalisés reviennent en pleine propriété à la collectivité.

Dans le cadre de l'AOT, le principe veut qu'à l'issue de l'autorisation d'occupation temporaire, les ouvrages doivent être démolis par le titulaire de l'autorisation ou à ses frais, à moins qu'il n'ait été prévu expressément à l'AOT le maintien des ouvrages et que la collectivité en devienne propriétaire. L'AOT doit prévoir expressément ce maintien et ce retour des ouvrages dans le patrimoine de la collectivité.

---

(1) L. n° 2002-1094, 29 août 2002 pour l'orientation et la programmation de la sécurité intérieure (LOPSI).

§ 2. – Quel est l'intérêt d'un montage BEA pour une collectivité publique par rapport à la maîtrise d'ouvrage publique et aux autres montages complexes ?

A. – BEA et maîtrise d'ouvrage publique

186. – Si la collectivité souhaite exercer elle-même les attributions d'un maître d'ouvrage, elle aura alors recours à un marché public. C'est donc une procédure de passation lourde et très encadrée, au contraire de celle du BEA.

– Ceci implique qu'une mission globale ne pourra pas être confiée à un seul partenaire : un marché de maîtrise d'œuvre aura pour objet de confier la conception de l'ouvrage à un architecte, et un marché de travaux aura pour objet la réalisation et éventuellement la maintenance du bâtiment, tandis qu'un marché de service aura pour objet le nettoyage simple du bâtiment. Dans les faits, le titulaire du BEA exécute toutes ces prestations.

– Par ailleurs, un marché public interdit que des prestations intellectuelles ou de travaux soient payées de façon différée. Aussi, la collectivité locale doit être en mesure de pouvoir financer le coût de la réalisation de la construction immédiatement.

– Enfin, en matière de BEA, c'est l'emphytéote qui supporte directement **les risques** liés à la conception, à la construction et au financement de l'ouvrage. Ce n'est pas le cas dans le cadre de la maîtrise d'ouvrage publique.

187. – Le BEA ne pourra pas être qualifié de marché public de travaux dès lors que la personne publique bailleresse « ne jouera ni pendant la réalisation desdits ouvrages ni avant le terme fixé, le rôle de **maître de l'ouvrage** » (2).

La loi n° 85-704 du 12 juillet 1985 relative à la maîtrise d'ouvrage publique définit le maître d'ouvrage comme « la personne (...) pour le compte de laquelle l'ouvrage est construit ».

Le Conseil d'État, par un avis rendu le 31 janvier 1995 (3), a synthétisé les critères d'identification du maître d'ouvrage :

> « Une pareille qualification ne peut être conférée à la collectivité publique preneuse, dès lors que cette collectivité n'assure pas la direction technique des actions de construction et ne devient propriétaire de l'ouvrage qu'au terme du contrat de location. En effet, elle ne joue, ni pendant la réalisation de l'ouvrage, ni avant le terme fixé, le rôle de maître d'ouvrage ».

Il ressort de la loi et de cet avis du Conseil d'État que, pour reconnaître à une personne la qualité de maître d'ouvrage, trois critères cumulatifs doivent être remplis :

– la personne doit être celle pour le compte de laquelle l'ouvrage est construit ;

– la personne doit assurer la direction technique des travaux ;

– la personne doit devenir propriétaire de l'ouvrage dès son achèvement.

Ainsi, il est nécessaire, dans la convention portant BEA, de ne pas donner à la personne publique bailleresse des attributions de **direction technique des travaux,** ou des attributions qui relèveraient de la **maîtrise d'ouvrage publique,** au risque que le BEA soit requalifié en marché public de travaux, illégal au regard de la procédure de passation mais également au regard du paiement différé mis en place, interdit dans le cadre des marchés publics.

---

(2) CE, sect., 25 févr. 1994, *SA Sofap-Marignan Immobilier*, préc.
(3) N° 356960.

B. – BEA et contrat de partenariat

188. – Le contrat de partenariat, instauré par l'ordonnance du 17 juin 2004 modifiée par la loi du 28 juillet 2008, codifiée aux articles L. 1414-1 à L. 1414-16 du Code général des collectivités territoriales, a pour objet de confier à une entreprise la mission globale de financer, concevoir tout ou partie, construire, maintenir et gérer des ouvrages ou des équipements publics et services concourant aux missions de service public, dans le cadre d'un contrat de longue durée et contre un paiement effectué par la personne publique et étalé dans le temps.

Il accorde également aux personnes publiques la possibilité de conclure un crédit-bail et d'instaurer des droits réels sur leur domaine public. Cette dernière disposition est même applicable de plein droit en l'absence de mention contraire.

Les baux emphytéotiques administratifs introduits par la loi du 5 janvier 1988, codifiée aux articles L. 1311-1 à L. 1311-15 du Code général des collectivités territoriales, permettent aux collectivités locales de consentir sur leurs domaines privé et public des droits réels pour une durée allant de dix-huit ans au moins à quatre-vingt-dix-neuf ans au plus. Ces baux, utiles à la valorisation économique du domaine public, permettent aux personnes publiques de conclure un contrat portant sur la construction d'un équipement affecté à l'intérêt général et mis à leur disposition moyennant le versement d'un loyer. À l'expiration du contrat, l'administration peut en récupérer la propriété.

189. – Ces deux mécanismes contractuels présentent de nombreux points communs, car ils appartiennent à la catégorie des contrats administratifs globaux, mais les BEA sont soumis à un régime juridique plus souple.

1° Points communs

190. – Les deux catégories de conventions sont des contrats administratifs par détermination de la loi. Ils relèvent donc des **principes généraux des contrats administratifs** au nombre desquels figurent :

- le droit de contrôle de la personne publique sur l'exécution du contrat ;
- le pouvoir de modification unilatérale au profit de la personne publique ;
- le pouvoir de résiliation unilatérale au profit de la personne publique ;
- la compétence du juge administratif en cas de litiges.

Ils sont tous deux ouverts à toutes les collectivités publiques et leur objet est, au moins pour une partie, la réalisation d'un immeuble, le plus souvent affecté à la satisfaction d'un service public, pour le compte d'une administration publique, sur une dépendance domaniale et sans paiement comptant.

2° Les deux conventions sont des contrats complexes permettant aux collectivités publiques de déroger à la règle qui veut qu'une personne publique pour laquelle les ouvrages sont construits assure la maîtrise d'ouvrage

191. – Cette dérogation à la fameuse loi « MOP » apparaît explicitement pour les contrats de partenariat à l'article L. 1414-1, alinéa 2 du Code général des collectivités territoriales qui confie au titulaire du contrat la maîtrise d'ouvrage des travaux à réaliser. Dans le cadre des BEA, la personne publique n'est pas non plus chargée d'exercer la maîtrise d'ouvrage puisque l'ouvrage n'est pas destiné à devenir sa propriété dès son achèvement (elle peut lever l'option d'achat bien après la fin des travaux).

3° Les deux mécanismes permettent un paiement différé

192. – L'ordonnance du 17 juin 2004 **modifiée par la loi du 28 juillet 2008** autorise un mécanisme de préfinancement privé des ouvrages destiné à l'Administration. Pour éviter que le prix final payé par la personne publique soit excessif, elle oblige les parties à faire preuve de transparence dans la détermination de la rémunération de leur partenaire en imposant que le contrat comprenne une clause relative aux dépenses et recettes. Cette disposition est reprise à l'article L. 1414-12 du Code général des collectivités territoriales qui dispose qu'un contrat de partenariat comporte nécessairement des clauses relatives :

> « (...) *d)* À la rémunération du cocontractant, aux conditions dans lesquelles sont pris en compte et distingués, pour son calcul, les coûts d'investissement, de fonctionnement et de financement et, le cas échéant, les recettes que le cocontractant peut être autorisé à se procurer en exploitant les ouvrages ou équipements pour répondre à d'autres besoins que ceux de la personne publique contractante, aux motifs et modalités de ses variations pendant la durée du contrat et aux modalités de paiement, notamment aux conditions dans lesquelles, chaque année, les sommes dues par la personne publique à son cocontractant et celles dont celui-ci est redevable au titre de pénalités ou de sanctions font l'objet d'une compensation ».

Les BEA donnent lieu au versement d'un loyer par l'Administration, celle-ci étant locataire des ouvrages construits sur son domaine par l'occupant.

Ce loyer correspond au prix total de l'ouvrage et possède finalement tous les traits d'un « paiement par la personne publique ».

193. – **Il constitue même un véritable paiement différé** puisque le prix total des prestations fournies par le cocontractant est étalé sur toute la durée du contrat. Le bail emphytéotique administratif peut se combiner avec une opération de crédit-bail, ce qui permet de mettre en place un paiement réellement différé.

Le Code général de la propriété des personnes publiques renforce encore cette possibilité en introduisant pour les collectivités locales la possibilité de conclure des contrats de crédit-bail sur leur domaine public et même sur celui mis à leur disposition (CGCT, art. L. 1311-3, al. 5).

Cette disposition est reprise dans l'ordonnance relative au contrat de partenariat modifiée par la loi du 28 juillet 2008. L'article L. 1414-16 du Code général des collectivités territoriales qui en résulte prévoit :

> « Lorsque le contrat emporte occupation du domaine public, il vaut autorisation d'occupation de ce domaine pour sa durée. Le titulaire du contrat a, sauf stipulation contraire du contrat, des droits réels sur les ouvrages et équipements qu'il réalise. Ces droits lui confèrent les prérogatives et obligations du propriétaire, dans les conditions et les limites prévues par les clauses du contrat ayant pour objet de garantir l'intégrité et l'affectation du domaine public ».

Cette rédaction est identique à celle qui concerne le contrat de partenariat sur le domaine public de l'État. Selon la Mission d'appui au contrat de partenariat, il convient d'en conclure que le recours à un contrat de crédit-bail pour le financement des constructions prévues dans le cadre d'un contrat de partenariat est autorisé (4).

194. – Le tout nouveau Code général de la propriété des personnes publiques, en assouplissant les règles de la domanialité publique, rend encore

(4) Mission d'appui à la réalisation des contrats de partenariat, contrat de partenariat et domaine public, MAPPP/06-22.

plus attractif le recours aux baux emphytéotiques qui apparaissent comme les outils de droit commun, ou du moins « généralistes », pour la mise ne place d'un partenariat entre personnes publiques et personnes privées dans le but de concevoir, construire et gérer un équipement public.

4° Les deux mécanismes sont des contrats globaux, mais la dimension de service dans le BEA reste plus limitée

195. – Le contrat de partenariat permet de confier au cocontractant de la personne publique une mission globale, pouvant comprendre la conception, le financement, la réalisation, la maintenance et l'exploitation de l'ouvrage.

Le BEA permet de même de confier à l'emphytéote une mission globale : dans les faits, c'est la personne privée qui va concevoir, financer, réaliser, maintenir et louer l'ouvrage construit.

Cependant, l'objet du BEA reste de donner à bail à une personne privée des dépendances appartenant à une personne publique, pour que celle-ci effectue des travaux améliorant la valeur du fonds, ou l'utilise de manière à le valoriser (zones écologiques). Il s'agit pour les collectivités, de ne pas laisser vierges et inutilisées des dépendances domaniales lorsqu'il est possible de les valoriser en les confiant à des personnes privées, dans le cadre de projets toutefois rattachés à l'intérêt général.

Le cœur du contrat de BEA est donc de donner à bail un terrain, et non pas de confier à l'emphytéote des prestations concourant à l'exercice, par la personne publique, de la mission de service public dont elle est chargée, ainsi qu'il est écrit pour le contrat de partenariat.

Au contraire du contrat de partenariat, dont les textes eux-mêmes autorisent qu'il confie au partenaire privé des missions très étendues de services et de prestations liées à l'exploitation de l'ouvrage, le BEA reste limité dans la potentialité des services pouvant être confiés à l'emphytéote.

En effet, non seulement les textes instituant le BEA ne font pas allusion à ces prestations, mais le Conseil d'État a aussi rappelé dans un avis en date du 16 juin 1994 (5) que le BEA ne constituait pas une délégation de service public, « du moins en cas de mission limitée du preneur ».

5° Différences

196. – Les prestations de services pouvant être confiées au partenaire privé. Le contrat de partenariat a été conçu afin de confier au partenaire privé une mission globale de conception, construction, financement, maintenance et exploitation d'équipements publics, mais l'ordonnance du 17 juin 2004 modifiée par la loi du 28 juillet 2008 prévoit également qu'il est possible de confier au partenaire privé « d'autres prestations de services concourant à l'exercice, par la personne publique, de la mission de service public dont elle est chargée » (6).

Cette dimension se retrouve moins dans le cadre du bail emphytéotique administratif, qui s'attache à la seule exploitation d'un bâtiment public par le biais de sa location certaine à l'administration bailleresse.

S'il est envisagé de confier des missions de services plus poussés à l'emphytéote, la passation d'une délégation de service public paraît plus sécurisante,

(5) N° 356101, V. *supra*, n° 20.
(6) CGCT, art. L. 1414-1.

dans la mesure où les textes ne prévoient pas, comme en matière de contrat de partenariat, qu'il est possible de confier à l'emphytéote des prestations de services concourant à l'exercice, par la personne publique, de la mission de service public dont elle est chargée.

Ainsi, l'avis rendu par l'assemblée générale du Conseil d'État le 16 juin 1994 reconnaissait la possibilité pour un établissement public de santé de conclure « un bail emphytéotique en vue de la construction ou de l'entretien de bâtiments pour le compte du bailleur et de la fourniture de diverses prestations non médicales de services, dès lors que ces engagements ont un lien direct et nécessaire avec l'exécution du service public hospitalier », mais exposait ensuite que le bail emphytéotique ne constituait pas une délégation de service public, « du moins en cas de mission limitée du preneur ».

Aussi, s'il est possible de confier à l'emphytéote certaines prestations de services, celles-ci doivent rester limitées, alors que les textes applicables au contrat de partenariat prévoient expressément que des prestations de services, concourant directement à l'exercice par la personne publique de la mission de service public dont elle est chargée, puissent être confiées au partenaire privé. Ceci élude donc le risque de voir un contrat de partenariat requalifié en délégation de service public, quand ce risque n'est pas exclu dans le cadre du BEA.

6° Les procédures de passation

197. – Les contrats de partenariat sont soumis à des obligations de publicité et de transparence très semblables à celles qui existent dans le cadre des délégations de service public et les baux emphytéotiques sont, par contre, souvent présentés comme échappant pratiquement à toute contrainte procédurale.

Il est vrai que la conclusion d'un tel bail n'a pas à être précédée du respect d'une procédure de mise en concurrence, en application de la règle traditionnelle en matière de conventions d'occupation du domaine public qui veut que le maître du domaine dispose d'une liberté de gestion. Cependant, il existe plusieurs limites à cette liberté, issues du droit interne comme du droit communautaire.

198. – D'une part, les BEA sont susceptibles d'être qualifiés de marchés publics ou de délégations de service public et dans cette hypothèse, le juge procèdera à la requalification des contrats et imposera le respect des procédures applicables à ces contrats.

Par ailleurs, il est désormais acquis que les personnes concluant des conventions comportant une autorisation d'occupation domaniale, dès lors qu'elles autorisent l'exercice d'une activité économique sur le domaine public, sont tenues de respecter la libre et égale concurrence des opérateurs en assurant une publicité adéquate de la passation de ces conventions.

199. – D'autre part, la directive n° 2004/18 du 31 mars 2004 relative à la coordination des procédures de passation des marchés publics des travaux, de fournitures et de services porte, entre autres, sur les contrats ayant pour objet « la réalisation, par quelque moyen que ce soit d'un ouvrage répondant aux besoins précités par le pouvoir adjudicateur ».

Cette formule est susceptible de faire entrer dans le champ de la directive les contrats qui prévoient un transfert différé de propriété au profit du pouvoir adjudicateur comme c'est le cas dans le bail emphytéotique administratif.

Le bailleur doit notamment procéder à la publication d'un avis au *Journal officiel de l'Union européenne* qui doit être strictement conforme au modèle fixé par la directive du 11 septembre 2001 et repris dans l'arrêté du 4 décembre 2002 transposant celle-ci. Le Conseil d'État a précisé que toutes les rubriques figurant dans ces modèles doivent être renseignées.

Mais ces obligations ne concernent que les contrats dont le montant des travaux est supérieur à 6, 242 millions d'euros HT. Ces obligations ne concernent donc pas les baux de plus faible ampleur, ce qui constitue un très net avantage pour ces contrats.

7° Les conditions du recours à ces montages contractuels diffèrent

200. – L'ordonnance du 17 juin 2004 relative aux contrats de partenariat modifiée par la loi du 28 juillet 2008 pose les conditions du recours au contrat de partenariat : il faut qu'une analyse préalable soit réalisée afin de démontrer que le recours au contrat de partenariat répond à l'urgence, à la complexité de l'opération ou à son efficience économique, conditions alternatives nécessaires à la conclusion d'un tel contrat.

La complexité exigée peut être juridique, financière, ou technique. Il peut s'agir par exemple de projets d'infrastructures intégrés de transport, de projets globaux ou encore de projets avec une dimension informatique importante en application d'indications données par la Commission européenne.

201. – Cette exigence n'existe pas pour les BEA ; bien au contraire, puisque le Code général des collectivités territoriales, en son article L. 1311-2, exige seulement que le contrat ait une finalité d'intérêt général ou de service public. L'ordonnance du 21 avril 2006 a ajouté la possibilité de l'affectation à une association cultuelle d'un édifice du culte ouvert au public et que cette finalité soit de la compétence de la collectivité locale.

Cette exigence est d'ailleurs abandonnée, jusqu'au 31 décembre 2007, pour les opérations liées aux besoins de la justice, de la police, de la gendarmerie nationales et des établissements publics de santé et jusqu'au 31 décembre 2010, pour les contrats liés aux besoins d'un service départemental d'incendie et de secours.

8° Le champ d'application de ces deux mécanismes diffère également

202. – Un BEA peut être conclu même si le bien sur lequel il porte constitue une dépendance du domaine public mais « sous réserve que cette dépendance demeure **hors du champ d'application de la contravention de voirie** ».

Cette condition, reconduite par l'ordonnance du 21 avril 2006 et qui ne se retrouve pas dans les contrats de partenariat, limite le recours au BEA.

9° L'éligibilité au FCTVA

203. – Comme il a été indiqué, depuis l'article 39 de la loi n° 2008-735 du 28 juillet 2008, le BEA est éligible au FCTVA sous deux conditions principales :

– que son montant ne dépasse pas un certain seuil fixé par décret ;

– qu'il ait fait l'objet d'une évaluation préalable dans les conditions de l'article L. 1414-2 du Code général des collectivités territoriales.

Le contrat de partenariat comme le BEA sont donc éligibles au FCTVA. Néanmoins, en matière de BEA, le montage est soumis à des conditions restrictives que l'on a peine à justifier. La première, relative au seuil d'éligibilité, est propre au BEA et constitue une limite importante à son champ d'action. Le montant fixé par décret et les modalités de calcul du seuil renforcent à ce jour considérablement ce désavantage du BEA vis-à-vis du contrat de partenariat. La seconde est commune avec le contrat de partenariat et concerne l'obligation de réaliser une évaluation préalable afin de déterminer le montage le plus efficient du projet.

En conséquence, la loi de juillet 2008 a contribué à réduire l'écart entre le contrat de partenariat et le BEA en matière de FCTVA sans toutefois éliminer cet écart dans la mesure où il subsiste une limite liée au montant maximum du projet en BEA.

C. – Le BEA et la DSP

204. – Une délégation de service public est un contrat par lequel une personne morale de droit public confie la gestion d'un service public dont elle a la responsabilité à un délégataire public ou privé, dont la rémunération est substantiellement liée aux résultats de l'exploitation du service. Le délégataire peut être chargé de construire des ouvrages ou d'acquérir des biens nécessaires au service.

Elle est régie par les articles L. 1411-1 et suivants du Code général des collectivités territoriales.

Par principe, le BEA n'a pas pour objet de déléguer à l'emphytéote la gestion même du service public.

Par son avis en date du 16 juin 1994 (7), le Conseil d'État a eu l'occasion de préciser que :

> « un bail emphytéotique ne constituant, par lui-même, ni un marché de travaux publics ni, **du moins en cas de mission limitée du preneur**, une délégation de service public, les mesures de publicité et de concurrence prévues aux articles 38 et 48 de la loi n° 93-122 du 29 janvier 1993 ne lui sont, en principe, pas applicables ».

Par ailleurs, si la construction du BEA permet à l'emphytéote d'exploiter l'ouvrage qu'il a construit en le louant à la collectivité par le biais d'une convention de mise à disposition, ce droit d'exploitation ne se traduit cependant pas par un risque d'exploitation : l'emphytéote est en effet assuré de louer l'ouvrage qu'il construit, sans aucun aléa d'exploitation à supporter.

Les deux contrats sont donc en principe distincts. Cependant, la possibilité de conclure un BEA « en vue de l'accomplissement, pour le compte de la collectivité, d'une mission de service public », rend cette distinction moins étanche.

1° Un BEA emportant délégation de service public

205. – L'avis précité du Conseil d'État en date du 16 juin 1994 a cependant précisé que « si le bail s'accompagne d'une véritable délégation de service public, dans les cas où aucun texte ni aucun principe ne font obstacle à une telle délégation », ces dispositions de publicité et de mise en concurrence sont applicables.

Ainsi, si, en principe, le BEA n'a pas le caractère d'une délégation de service public, l'ambiguïté de son objet, « en vue de l'accomplissement d'une

(7) V. *supra*, n° 20.

mission de service public », peut rendre floue la frontière entre ces deux contrats.

C'est pourquoi le Conseil d'État indique que le BEA n'est pas une délégation de service public, « du moins en cas de mission limitée du preneur ».

Dans l'avis précité, le Conseil d'État admet d'ailleurs explicitement qu'une concession de service public accompagne le BEA.

Ainsi, certains BEA peuvent aller plus loin, et confier à l'emphytéote la gestion même du service public, en faisant peser sur lui les risques d'exploitation de ce service public. Cette construction d'une délégation de service public couplée à un BEA est légale (dans la mesure où le service est délégable).

2° La convention devra alors respecter la procédure de passation établie par la loi n° 93-122 du 29 janvier 1993 modifiée relative à la prévention de la corruption et à la transparence de la vie économique et des procédures publiques

206. – Par ailleurs, un arrêt de la cour administrative de Bordeaux en date du 25 octobre 2001 (8) est venu apporter une précision intéressante sur les modalités de la conclusion d'un BEA associé à une délégation de service public, et notamment sur la durée d'un tel montage contractuel.

En l'espèce, un BEA associé à une DSP avait été conclu dans le domaine du traitement des ordures ménagères pour une durée de vingt-trois ans. Or, l'article L. 1411-2 du Code général des collectivités territoriales, qui pose le principe général d'une durée limitée des DSP, indique plus précisément qu'en matière de traitement des déchets, ces contrats ne peuvent dépasser vingt ans : la délibération approuvant le BEA/DSP a donc été annulée.

Si le BEA doit en principe être conclu pour une période comprise entre dix-huit et quatre-vingt-dix-neuf ans, l'article L. 1411-2 du Code général des collectivités territoriales indique lui que « les conventions de délégation de service public doivent être limitées dans leur durée », et ceci afin d'obtenir qu'une mise en concurrence pour la gestion du service intervienne régulièrement.

Ainsi, il est nécessaire de réfléchir à une durée qui permettra à la fois l'amortissement des biens financés par l'emphytéote et le respect du principe de la durée limitée des DSP.

C'est pourquoi il est nécessaire d'analyser avec pertinence la nature de la mission confiée à l'emphytéote, afin de savoir s'il faut se soumettre aux règles de publicité de la loi de 1993, ou s'il s'agit d'un simple BEA.

D. – Le BEA et le crédit-bail immobilier

207. – Les opérations de crédit-bail visées par l'article L. 515-2 du Code monétaire et financier sont les opérations de location de biens d'équipement, de matériel d'outillage ou de biens immobiliers à usage professionnel, spécialement achetés par des entreprises qui en demeurent propriétaires, lorsque ces opérations, quelle que soit leur dénomination, donnent au locataire la faculté d'acquérir tout ou partie des biens loués, moyennant un prix convenu, tenant compte, au moins pour partie, des versements effectués à titre de loyers.

---

(8) CAA Bordeaux, 25 oct. 2001, n° 00BX01733, *Syndicat Mixte de Réalisation, Déchetterie, Collecte Sélective, Traitement (DECOSET).*

Le crédit-bail consiste ainsi pour une personne, dénommée « crédit-bailleuse », d'acquérir un bien pour le louer à une autre, dénommée « crédit-preneuse », tout en lui offrant la possibilité de racheter ce bien.

1° La collectivité, crédit-preneuse

208. – Lorsqu'elle recourt au crédit-bail en qualité de crédit preneuse, une collectivité locale va solliciter d'une personne privée qu'elle réalise ou acquiert un bien afin de le lui louer, tout en se réservant par contrat la possibilité de racheter elle-même ce bien.

Ce montage peut donner lieu à la conclusion de conventions tripartites entre l'organisme financier (crédit-bailleur), la collectivité locale (crédit-preneuse) et le vendeur d'un immeuble ou encore un constructeur.

Le crédit-bail peut être mobilier ou immobilier. Lorsqu'il est conclu sur des biens meubles, il constitue un marché public de fournitures.

Le crédit-bail immobilier sera le plus souvent mis en œuvre pour isoler patrimonialement et budgétairement des opérations ayant généralement une finalité industrielle et commerciale.

La passation de ce contrat est soumise à l'application du Code des marchés publics : en effet, l'article 3-3° du code dispose que :

> « Les dispositions du présent code ne sont pas applicables aux marchés et accords-cadres suivants passés par les pouvoirs adjudicateurs définis à l'article 2 : (...)
> 3° Accords-cadres et marchés de services qui ont pour objet l'acquisition ou la location, quelles qu'en soient les modalités financières, de terrains, de bâtiments existants ou d'autres biens immeubles, ou qui concernent d'autres droits sur ces biens ; **toutefois, les contrats de services financiers conclus en relation avec le contrat d'acquisition ou de location, sous quelque forme que ce soit, entrent dans le champ d'application du présent code ;** (...) ».

209. – Les ouvrages financés par la technique contractuelle du crédit-bail ne peuvent faire partie du domaine public. On sait que selon ces types de contrats, le crédit-bailleur acquiert ou construit un bâtiment et le met à la disposition du preneur public en échange d'un loyer. Au terme du bail et conformément à la promesse de vente consentie par le bailleur, le preneur public a la faculté d'acquérir le bien immobilier.

Ces édifices ne peuvent être des dépendances du domaine public pendant la durée du contrat car, durant celle-ci, ils restent la propriété de l'organisme crédit-bailleur.

Ce montage contractuel ne peut pas être conclu sur une dépendance du domaine public de la collectivité : en effet, cela reviendrait à constituer, au profit du crédit-bailleur, des droits réels sur le domaine public, sans être dans le cadre d'un des montages contractuels autorisant la création de droits réels sur le domaine public (AOT, BEA, ou contrat de partenariat).

Le plus fréquemment, la collectivité ne recourra pas directement au contrat de crédit-bail pour financer des équipements : ce contrat sera conclu par le partenaire privé de la collectivité pour financer l'équipement à réaliser (V. *supra*, n°s 158 et s.).

2° La collectivité, crédit-bailleresse

210. – Si une collectivité publique peut conclure un crédit-bail en qualité de crédit-preneuse, elle peut également, sous certaines conditions, tenir le rôle du crédit-bailleur.

Par ce contrat, le bailleur, c'est-à-dire la collectivité locale, va construire un bâtiment adapté aux besoins du preneur (l'entreprise privée) afin de le lui louer pendant une période de quinze ans en principe. Cette intervention active de la collectivité a notamment pour objet de favoriser l'implantation sur son territoire d'entreprises privées.

En effet, si la conclusion habituelle de contrats de crédit-bail est réservée aux seuls établissements financiers, la jurisprudence a admis qu'un crédit-bail puisse être consenti à titre occasionnel par une personne n'ayant pas cette qualité (9).

Une réponse ministérielle est venue préciser que, si les opérations de crédit-bail ne peuvent être faites à titre habituel que par des entreprises commerciales, ces dispositions ne font pas obstacle à ce que les collectivités publiques puissent effectuer **occasionnellement** de telles opérations (10).

Cette technique permet aux collectivités d'offrir un préfinancement à des entreprises privées, afin de les amener à s'installer sur leur territoire.

E. – Exemples de montages contractuels

Ces exemples ont été rencontrés dans différents domaines allant des équipements sportifs à des équipements relatifs au traitement de déchets. Les schémas suivants présentent de manière succincte ces montages.

(9) Cass. com., 20 févr. 1973 : *JCP* 1974, II, 17754.

(10) Rép. min., 3 avr. 1979 : *JOAN* CR, p. 2195, possibilité rappelée par la circulaire NOR/INT/B/8900 215/c du ministère de l'Intérieur du 13 juillet 1989.

1° BEA

Le bail emphytéotique administratif est conclu en vue de confier à une personne privée la construction et la gestion d'un équipement d'intérêt général. L'emphytéote aura à sa charge la gestion de cet équipement pendant la durée du contrat.

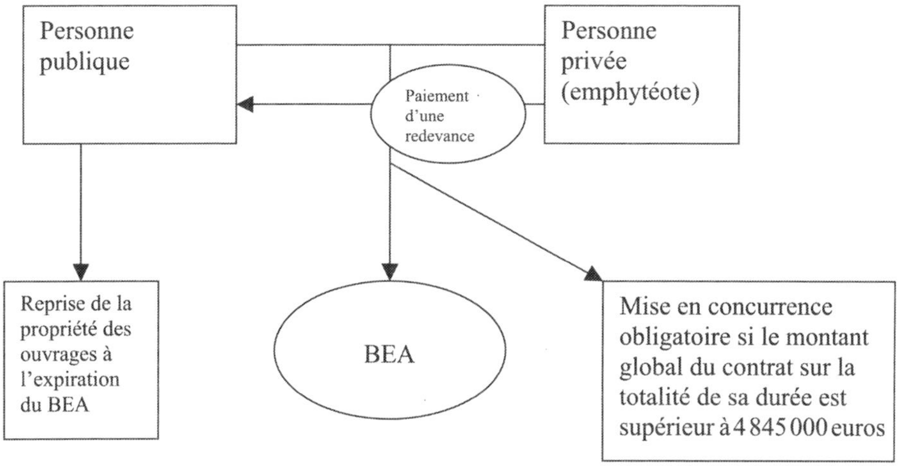

2° BEA + convention de mise à disposition (CMD)

Le bail emphytéotique administratif est accompagné d'une convention de mise à disposition (CMD). Dans le cadre de ce montage aller-retour, la personne publique se chargera de la gestion de l'ouvrage construit mais l'emphytéote aura à sa charge les travaux d'entretien et de maintenance (GER).

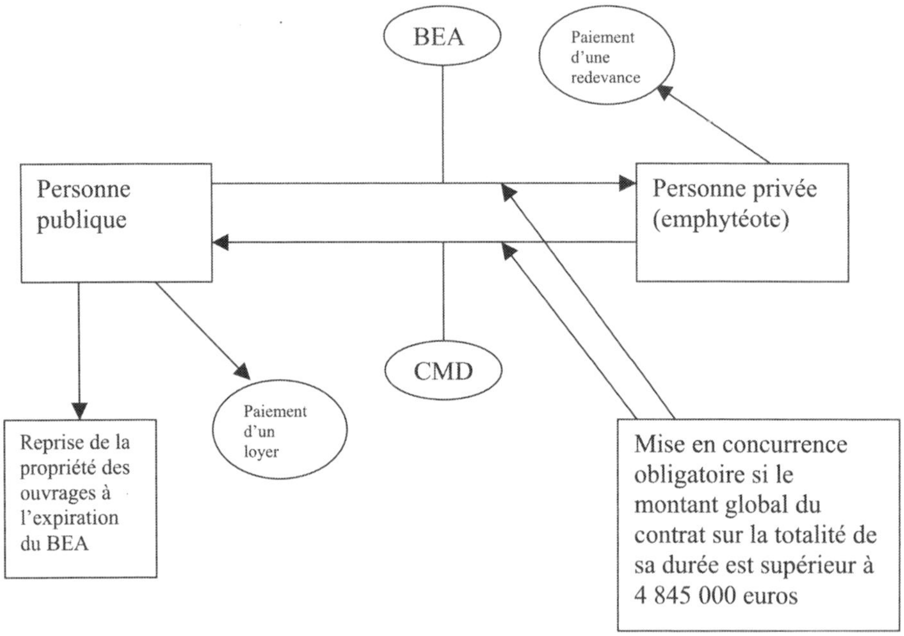

3° BEA + CMD + affermage

Le bail emphytéotique administratif est accompagné d'une convention de mise à disposition. Par la suite, la personne publique va confier la gestion de l'ouvrage et du service public y abrité à une tierce personne par le biais d'un contrat d'affermage.

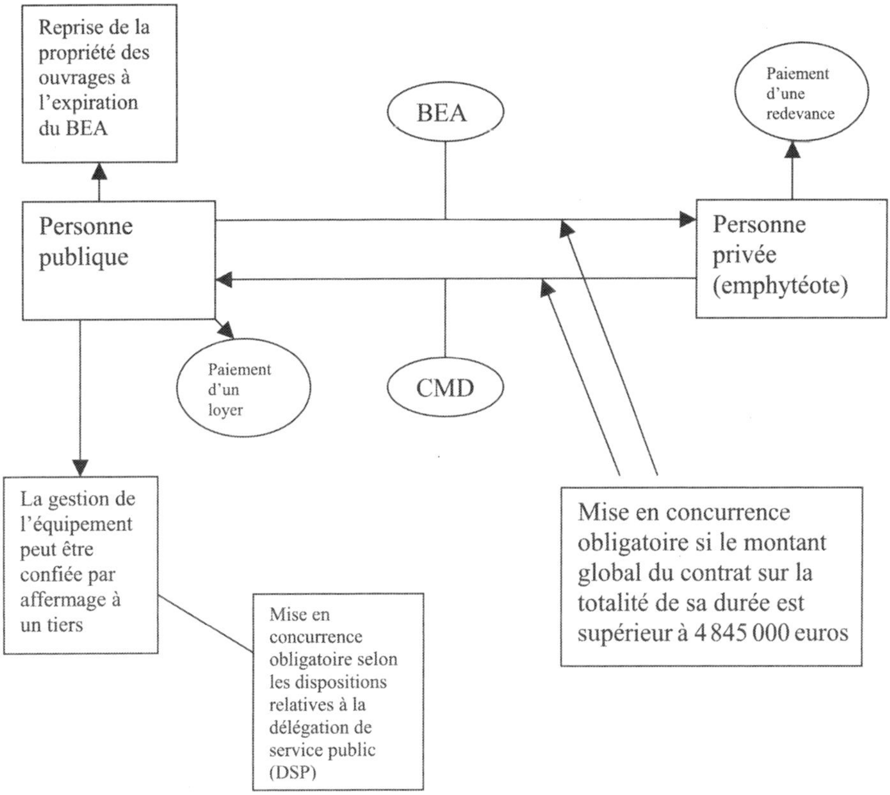

4° BEA + CMD + marché public de services (MPS) – 1re option

Le bail emphytéotique administratif est accompagné d'une convention de mise à disposition. Par la suite, la personne publique va confier la gestion de l'ouvrage à une tierce personne par le biais d'un marché public de services.

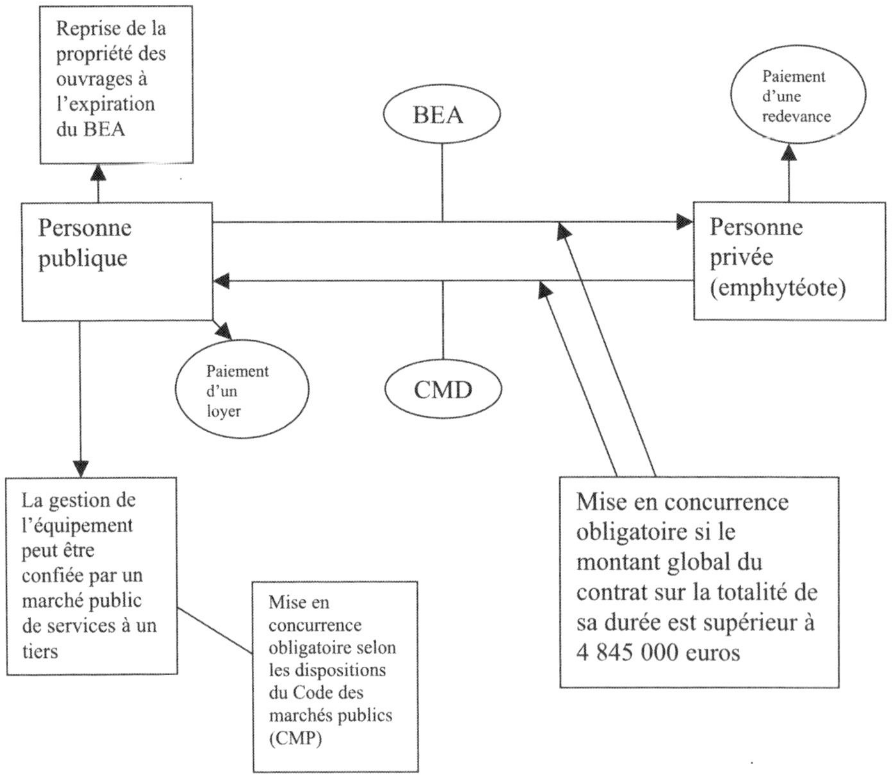

5° BEA + CMD + MPS – 2e option

Le bail emphytéotique administratif est accompagné d'une convention de mise à disposition et d'un marché public de services. Dans cette hypothèse, la gestion de l'ouvrage et de l'activité y abritée sera confiée à l'emphytéote par le biais du marché public de services.

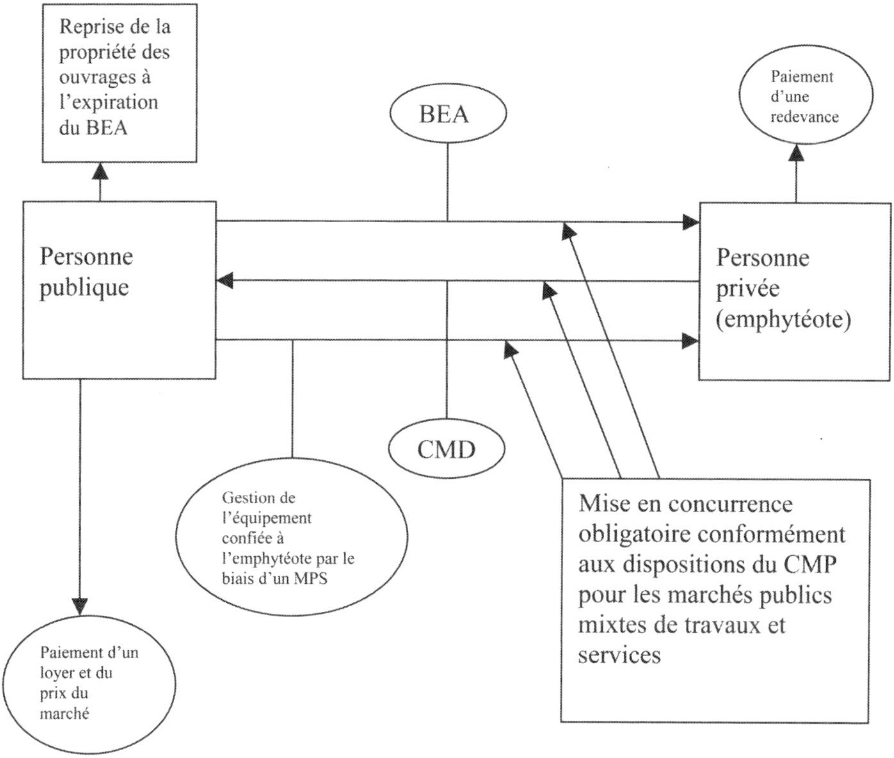

6° BEA + délégation de service public (DSP)

Le bail emphytéotique administratif forme un ensemble contractuel avec une DSP. Par ce montage contractuel, l'emphytéote aura à sa charge la construction ainsi que la gestion de l'ouvrage et du service public y abrité.

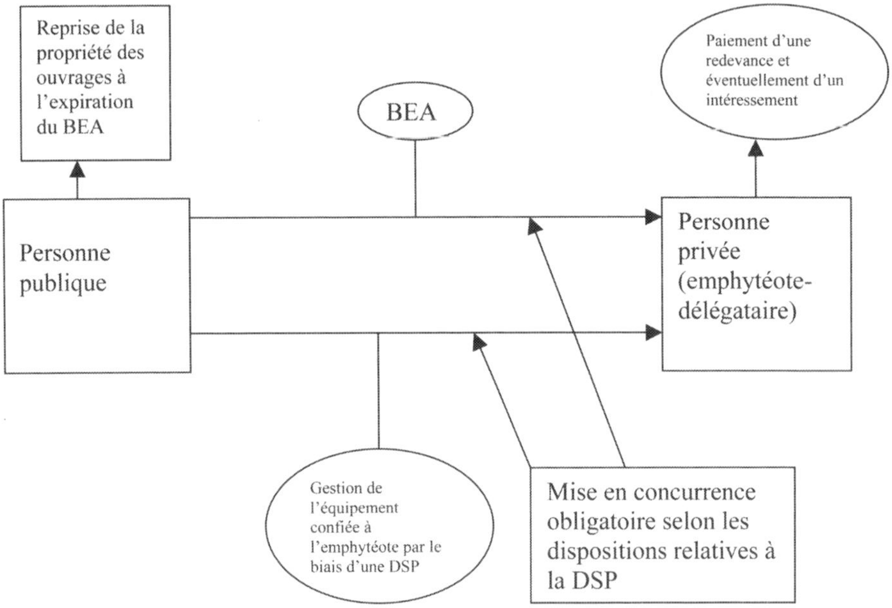

Annexes

Annexe 1

RÉPONSE APPORTÉE PAR LE SECRÉTAIRE D'ÉTAT CHARGÉ DU COMMERCE, DE L'ARTISANAT, DES PME, DU TOURISME, DES SERVICES ET DE LA CONSOMMATION À LA QUESTION POSÉE PAR M. JACQUES DOMERGUE, DÉPUTÉ DE L'HÉRAULT

(13e LÉGISLATURE, QUESTION N° 64 556 PUBLIÉE AU *JOURNAL OFFICIEL* LE 24 NOVEMBRE 2009, P. 11026, RÉPONSE PUBLIÉE AU *JOURNAL OFFICIEL* LE 2 FÉVRIER 2010, P. 1104)

Texte de la question :

M. Jacques Domergue interroge M. le secrétaire d'État chargé du commerce, de l'artisanat, des petites et moyennes entreprises, du tourisme, des services et de la consommation sur la mise en œuvre des dispositions de l'ordonnance n° 2004-559 du 17 juin 2004 sur les contrats de partenariat, pour lesquelles la personne publique en charge d'une mission de service public peut avoir recours à un partenariat privé pour la conception, la réalisation, le financement, l'exploitation et la maintenance d'équipements ou de services publics. Il le remercie de bien vouloir lui indiquer l'évolution du nombre de recours à ce type de partenariat depuis la promulgation de l'ordonnance.

Texte de la réponse :

Trois cent dix contrats de partenariat ou projets de contrat ont été identifiés à ce jour à divers stades de la procédure : 69 pour l'État et 241 pour les collectivités territoriales. Les collectivités territoriales ont, d'ores et déjà, conclu 39 contrats de ce type et l'État en a signé 14. À titre d'exemple, la région Réunion a conclu un contrat de partenariat pour son Tram Train le 3 décembre 2009. L'État a, quant à lui, conclu début décembre 2009 un contrat portant sur les réserves du Musée de Marseille et deux contrats au titre du Plan campus (Paris-IV et Paris-VII). À ces données, il conviendrait d'ajouter si l'on souhaitait connaître le nombre total de partenariats public-privé conclus en France à ce jour, celles relatives aux baux emphytéotiques hospitaliers, aux contrats conclus en application de la loi d'orientation et de programmation pour la sécurité intérieure et de la loi d'orientation et de programmation pour la justice, aux baux emphytéotiques administratifs et aux autorisations d'occupation temporaire du domaine public avec option d'achat. La mission d'appui à la réalisation des contrats de partenariat public-privé (MAPPP) ne dispose toutefois pas de ces informations et ne peut suivre que les contrats de partenariat, notamment grâce à l'obligation législative issue de la loi du 28 juillet 2008 imposant à toutes les personnes publiques de communiquer à la MAPPP copie des contrats de partenariat signés.

Annexe 2

CODE GÉNÉRAL DES COLLECTIVITÉS TERRITORIALES (EXTRAITS)

SECTION 1. – BAIL EMPHYTÉOTIQUE ADMINISTRATIF

Art. L. 1311-2. – Un bien immobilier appartenant à une collectivité territoriale peut faire l'objet d'un bail emphytéotique prévu à l'article L. 451-1 du Code rural, en vue de l'accomplissement, pour le compte de la collectivité territoriale, d'une mission de service public ou en vue de la réalisation d'une opération d'intérêt général relevant de sa compétence ou en vue de l'affectation à une association cultuelle d'un édifice du culte ouvert au public ou, jusqu'au 31 décembre 2007, liée aux besoins de la justice, de la police ou de la gendarmerie nationales ainsi que d'un établissement public de santé ou d'une structure de coopération sanitaire dotée de la personnalité morale publique ou, jusqu'au 31 décembre 2010, liée aux besoins d'un service départemental d'incendie et de secours. Ce bail emphytéotique est dénommé bail emphytéotique administratif.

Un tel bail peut être conclu même si le bien sur lequel il porte, en raison notamment de l'affectation du bien résultant soit du bail ou d'une convention non détachable de ce bail, soit des conditions de la gestion du bien ou du contrôle par la personne publique de cette gestion, constitue une dépendance du domaine public, sous réserve que cette dépendance demeure hors du champ d'application de la contravention de voirie.

En outre, un tel bail, lorsqu'il répond aux besoins d'un établissement public de santé ou d'une structure de coopération sanitaire dotée de la personnalité morale publique, est conclu dans le respect des dispositions des articles L. 6148-3, L. 6148-4 et L. 6148-5 du Code de la santé publique.

Art. L. 1311-3. – Les baux passés en application de l'article L. 1311-2 satisfont aux conditions particulières suivantes :

1° Les droits résultant du bail ne peuvent être cédés, avec l'agrément de la collectivité territoriale, qu'à une personne subrogée au preneur dans les droits et obligations découlant de ce bail et, le cas échéant, des conventions non détachables conclues pour l'exécution du service public ou la réalisation de l'opération d'intérêt général ;

2° Le droit réel conféré au titulaire du bail de même que les ouvrages dont il est propriétaire sont susceptibles d'hypothèque uniquement pour la garantie des emprunts contractés par le preneur en vue de financer la réalisation ou l'amélioration des ouvrages situés sur le bien loué.

Ces emprunts sont pris en compte pour la détermination du montant maximum des garanties et cautionnements qu'une collectivité territoriale est autorisée à accorder à une personne privée.

Le contrat constituant l'hypothèque doit, à peine de nullité, être approuvé par la collectivité territoriale ;

3° Seuls les créanciers hypothécaires peuvent exercer des mesures conservatoires ou des mesures d'exécution sur les droits immobiliers résultant du bail.

La collectivité territoriale a la faculté de se substituer au preneur dans la charge des emprunts en résiliant ou en modifiant le bail et, le cas échéant, les conventions non détachables. Elle peut également autoriser la cession conformément aux dispositions du 1° ci-dessus ;

4° Les litiges relatifs à ces baux sont de la compétence des tribunaux administratifs ;

5° Les constructions réalisées dans le cadre de ces baux peuvent donner lieu à la conclusion de contrats de crédit-bail. Dans ce cas, le contrat comporte des clauses permettant de préserver les exigences du service public ;

6° Lorsqu'une rémunération est versée par la personne publique au preneur, cette rémunération distingue, pour son calcul, les coûts d'investissement, de fonctionnement et de financement.

Art. L. 1311-4. – Les dispositions des articles L. 1311-2 et L. 1311-3 sont applicables aux établissements publics des collectivités territoriales et aux groupements de ces collectivités.

Art. L. 1311-4-1. – Jusqu'au 31 décembre 2007, les collectivités territoriales et les établissements publics de coopération intercommunale peuvent construire, y compris sur les dépendances de leur domaine public, acquérir ou rénover des bâtiments destinés à être mis à la disposition de l'État pour les besoins de la justice, de la police ou de la gendarmerie nationales ou d'un établissement public de santé ou d'une structure de coopération sanitaire dotée de la personnalité morale publique.

Jusqu'au 31 décembre 2010, les conseils généraux peuvent construire, y compris sur les dépendances de leur domaine public, acquérir ou rénover des bâtiments destinés à être mis à la disposition des services départementaux d'incendie et de secours.

Une convention entre l'État ou l'établissement public de santé ou la structure de coopération sanitaire mentionnée au premier alinéa et la collectivité ou l'établissement propriétaire précise notamment les engagements financiers des parties, le lieu d'implantation de la ou des constructions projetées et le programme technique de construction. Elle fixe également la durée et les modalités de la mise à disposition des constructions.

Les constructions mentionnées au présent article ainsi que celles qui sont réalisées dans le cadre de contrats de partenariat peuvent donner lieu à la conclusion de contrats de crédit-bail. Dans ce cas, le contrat comporte des clauses permettant de préserver les exigences du service public.

Les opérations mentionnées aux alinéas précédents respectent, lorsqu'elles répondent aux besoins d'un établissement public de santé ou d'une structure de coopération sanitaire dotée de la personnalité morale publique.

Annexe 3

CODE DE LA SANTÉ PUBLIQUE (EXTRAIT)

Art. L. 6148-2. – Un bien immobilier appartenant à un établissement public de santé ou à une structure de coopération sanitaire dotée de la personnalité morale publique peut faire l'objet d'un bail emphytéotique prévu à l'article L. 451-1 du Code rural, en vue de l'accomplissement, pour le compte de l'établissement ou de la structure, d'une mission concourant à l'exercice du service public dont ils sont chargés ou en vue de la réalisation d'une opération d'intérêt général relevant de leur compétence. Ce bail emphytéotique est dénommé bail emphytéotique administratif.

Un tel bail peut être conclu même si le bien sur lequel il porte, en raison notamment de l'affectation du bien résultant soit du bail ou d'une convention non détachable de ce bail, soit des conditions de la gestion du bien ou du contrôle par la personne publique de cette gestion, constitue une dépendance du domaine public, sous réserve que cette dépendance demeure hors du champ d'application de la contravention de voirie.

Un bien immobilier appartenant à un établissement public de santé ou à une structure de coopération sanitaire dotée de la personnalité morale publique peut également faire l'objet d'un bail emphytéotique en vue de la réalisation d'une opération répondant aux besoins d'un autre établissement public de santé avec lequel ils conduisent une action de coopération.

Préalablement à la conclusion d'un des baux mentionnés aux précédents alinéas, l'établissement public de santé ou, le cas échéant, la structure de coopération sanitaire dotée de la personnalité morale publique définit dans un programme fonctionnel les besoins que le preneur à bail doit s'engager à satisfaire.

Ces baux satisfont aux conditions particulières énumérées à l'article L. 1311-3 du Code général des collectivités territoriales. Ils peuvent comporter une clause permettant à l'établissement public de santé ou, le cas échéant, la structure de coopération sanitaire dotée de la personnalité morale publique d'acquérir, avant le terme fixé par le bail, les installations rénovées ou édifiées par le titulaire.

Le financement des constructions dans le cadre des baux emphytéotiques mentionnés au présent article ainsi que de celles qui sont réalisées dans le cadre de contrats de partenariat peut donner lieu à la conclusion de contrats de crédit-bail. Dans ce cas, le contrat comporte des clauses permettant de préserver les exigences du service public.

Annexe 4

RÉPONSE MINISTÉRIELLE DU 20 MARS 2000

(QUESTION N° 18805 ; RÉPONSE PUBLIÉE AU *JO* DU 20 MARS 2000, P. 1863)

Texte de la question :

Mme Marie-Jo Zimmermann souhaite que M. le ministre de l'Intérieur lui précise si le principe de libre administration des communes permet à celles-ci de passer toutes conventions pour la gestion de leur domaine public ou si certaines parties du domaine public sont soumises à des dispositions particulières. Ainsi pour les communes propriétaires de ports de plaisance ou d'aérodromes, les dispositions du Code des ports maritimes ou du Code de l'aviation civile limitent la nature et la durée des conventions pouvant être établies.

Nonobstant ces dispositions, une commune peut-elle conclure des conventions de longue durée ou portant constitution de droits réels sur des biens du domaine public communal, portuaire ou aéroportuaire ?

Texte de la réponse :

La possibilité de délivrer des titres d'occupation du domaine public constitutifs de droits réels n'a été ouverte qu'au profit de l'État par la loi n° 94-631 du 25 juillet 1994 complétant le Code du domaine de l'État et relatif à la constitution de droits réels sur le domaine public. Les collectivités locales ont quant à elles la faculté d'accorder, sur leur domaine public, outre des titres classiques d'occupation du domaine, des baux emphytéotiques administratifs qui confèrent en l'occurrence au preneur du bail des droits réels ; la conclusion de ces baux est toutefois soumise à un certain nombre de conditions, précisées aux articles L. 1311-2 et suivants du Code général des collectivités territoriales. Ainsi, ceux-ci ne peuvent être conclus qu'en vue de l'accomplissement, pour le compte de la collectivité territoriale, d'une mission de service public ou en vue de la réalisation d'une opération d'intérêt général relevant de sa compétence, sous réserve par ailleurs que la dépendance domaniale concernée demeure hors du champ d'application de la contravention de voirie.

S'agissant du domaine public aéroportuaire communal, les communes peuvent, dans les aérodromes dont elles sont propriétaires, soit délivrer des titres classiques d'occupation du domaine public, soit conclure, sous les réserves susvisées, des baux emphytéotiques administratifs, dans le respect toutefois des conventions conclues au titre de l'article L. 221-1 du Code de l'aviation civile, lequel ne prévoit par ailleurs aucune disposition spécifique aux aérodromes communaux. Cet article, qui précise les conditions de création des aérodromes destinés à la circulation aérienne publique lorsqu'ils n'appartiennent pas à l'État, prévoit en effet la conclusion de conventions entre le ministre chargé de l'aviation civile et la personne créatrice de l'aérodrome, établissant les droits et obligations respectifs du créateur et du gestionnaire de l'aérodrome.

Les titres domaniaux délivrés par les communes ne doivent pas déroger à ces conventions, en prévoyant notamment des durées d'occupation supérieures à la durée prévue par les conventions. **S'agissant des ports de plaisance, les conditions de délivrance des titres sont fixées par les articles R. 631-1 et suivants du Code des ports maritimes, pris en application de l'article 9 de la loi n° 83-663 du 22 juillet 1983 complétant la loi n° 83-8 du 7 janvier 1983 relative à la répartition des compétences entre les communes, les départements, les régions et l'État. Ces titres ne peuvent en aucun cas être constitutifs de droits réels, qu'il s'agisse tant des ports de plaisance mis à disposition des communes, puisque la loi de 1994 ne s'applique qu'aux ports mis à disposition des départements, que des ports créés par les communes qui, dans la mesure où ils constituent une dépendance domaniale entrant dans le champ d'application de la contravention de voirie, sont par conséquent exclus du dispositif visé à l'article L. 1311-2 du Code général des collectivités territoriales.**

Annexe 5

RÉPONSE MINISTÉRIELLE DU 27 JUIN 2006

(QUESTION N° 95948 ; RÉPONSE PUBLIÉE AU *JO* DU 27 JUIN 2006, P. 6843)

Texte de la question :

M. Yvan Lachaud attire l'attention de M. le ministre de l'Économie, des Finances et de l'industrie sur le fait que l'article 1414-1 du Code général des collectivités territoriales (CGCT) prévoit que « les contrats de partenariat sont des contrats administratifs par lesquels la personne publique confie à un tiers, pour une période déterminée en fonction de la durée d'amortissement des investissements ou des modalités de financement retenues, une mission globale relative au financement d'investissements immatériels, d'ouvrages ou d'équipements nécessaires au service public, à la construction ou transformation des ouvrages ou équipements, ainsi qu'à leur entretien, leur maintenance, leur exploitation ou leur gestion et, le cas échéant, à d'autres prestations de services concourant à l'exercice, par la personne publique, de la mission de service public dont elle est chargée ». Compte tenu de la densité des informations contenues dans la phrase précitée de l'article L. 1414-1, le problème se pose de savoir si l'ensemble des dispositions que celle-ci révèle permet à une collectivité de confier à un partenaire à la fois la construction des ouvrages et équipements nécessaires au service public et la gestion proprement dite de ce service, comprenant la perception des redevances dues par ses usagers. Et ce indépendamment, le cas échéant, de ces « autres prestations de services concourant à l'exercice, par la personne publique, de la mission de service public dont elle est chargée », qui peuvent aussi participer de cette mission globale confiée au partenaire. Il lui demande de bien vouloir préciser si, dans le cadre d'un contrat de partenariat, la mission globale confiée au partenaire de la collectivité peut à la fois concerner le financement d'investissements d'ouvrages ou d'équipements nécessaires au service public et la gestion de ce service.

Texte de la réponse :

La frontière entre les conventions de délégation de service public et les contrats de partenariat tient d'abord à l'objet du contrat. L'étendue de la mission confiée au partenaire de l'administration n'est en effet pas la même selon le type de contrat. Dans le cadre d'une convention de délégation de service public, la charge de gérer le service public est déléguée au cocontractant de la personne publique : cela suppose qu'il dispose de la responsabilité effective de la gestion du service public, sous le contrôle de la collectivité publique délégante et dans le cadre général convenu avec elle, et qu'il dispose, pour cela, d'une autonomie suffisante pour que l'on puisse parler de délégation. Dans le cadre d'un contrat de partenariat, la mission confiée au prestataire est, certes, très étendue puisque lui sont confiés des éléments très divers : financement des investissements, construction d'ouvrages ou d'équipements, maintenance, exploitation ou gestion de ces ouvrages, le cas échéant autres prestations de services concourant à l'exercice de la mission de service public dont est chargée la personne publique. Mais il ressort néanmoins de l'article 1er de l'ordonnance sur les contrats de partenariat et de l'article L. 1414-1 du Code général des collectivités territoriales que l'objet du contrat ne porte pas sur l'exercice d'une mission de service public en tant que telle. Ces dispositions ne font en effet référence qu'à la réalisation et à la gestion d'ouvrages ou d'équipements ; lorsqu'elles évoquent l'exercice d'une mission de service public, c'est pour préciser que la personne publique en est chargée. **Il reste qu'en pratique de nombreuses situations se présentent dans lesquelles il peut paraître délicat de distinguer au quotidien ce qui relève de l'exploitation d'un service public et de l'exploitation d'un ouvrage ou équipement. Ainsi, en ce qui concerne les infrastructures de réseaux, les ouvrages d'art, les équipements sportifs ou autres équipements spécialisés, la différence entre exploitation du service public et exploitation d'un ouvrage n'est pas nette.** Dans ces cas limites, la distinction entre contrat de partenariat et délégation de service public ne pourra pas se faire nettement par le critère de l'objet du contrat, mais se fera en prenant en compte la logique économique et financière du contrat. La frontière entre les conventions de délégation de service public et les contrats de partenariat tient effectivement également aux modalités de calcul de la rémunération. Dans le cas d'une délégation de service public, le délégataire doit supporter une partie significative du risque d'exploitation. Dans le cas d'un contrat de partenariat, les risques de toute nature font l'objet d'une analyse d'ensemble et les contrats doivent veiller à ce que leur répartition entre les deux cocontractants soit optimale au regard des coûts qui en résulteront nécessairement pour la personne publique. Le partenaire privé perçoit une rémunération versée par la personne publique, dont l'ordonnance précise qu'elle peut être liée à des objectifs de performance assignés au cocontractant.

Ceci ne fait par ailleurs pas obstacle à ce que le prestataire se procure d'autres recettes en exploitant les ouvrages ou équipements pour répondre à d'autres besoins que ceux du service public dont la personne publique cocontractante est chargée, comme l'article 11 de l'ordonnance et l'article L. 1414-12 du Code général des collectivités territoriales l'indiquent expressément, pourvu qu'à tout moment soient préservées les exigences du service public. L'ordonnance ne donnant pas d'indication sur la part respective de la rémunération versée par le cocontractant et les recettes propres, il n'y a pas de raison de considérer que la part de ces recettes propres ne puisse excéder un seuil donné. Pour les délégations de service public, il existe un seuil de variation de la rémunération en fonction des résultats de l'exploitation en deçà duquel un contrat ne peut plus être regardé comme une délégation, car dans ce cas le cocontractant ne supporte pas un risque suffisant d'exploitation. Mais ce seuil est calculé par rapport aux recettes tirées de l'exploitation du service qui fait l'objet du contrat, et non par rapport à des recettes annexes. En contrat de partenariat la part que prend la rémunération tirée des recettes annexes n'a aucune influence sur le régime juridique appliqué à l'activité qui fait l'objet même du contrat. Par ailleurs plus ces recettes seront importantes, plus leur montant aura une répercussion sur le montant de la rémunération versé par la personne publique.

Annexe 6

EXEMPLE D'UNE RÉPARTITION DES RISQUES SELON LE MONTAGE CONTRACTUEL EN MOP OU EN BEA

L'hypothèse retenue est celle d'un BEA intégrant le gros entretien renouvellement (GER) et la maintenance. En BEA, le contrat peut prévoir le partage de certains risques entre la personne publique et l'emphytéote.

Dénomination	MOP		BEA	
	public	*privé*	*public*	*privé*
Période préliminaire				
Consultation infructueuse	x		x	
Risque de contentieux	x		x	
Diagnostic initial incomplet ou erroné	x			x
Retards dans la mise à disposition du terrain	x		x	
Retard dans les études préalables	x		x	
Phase de conception / construction				
Retard dans les études de conception	x			x
Modification du programme fonctionnel par la personne publique	x		x	
Modification du projet par le partenaire privé		x		x
Retard dans l'obtention des autorisations administratives	x			x
Retards dans la libération du site	x		x	
Risque géologique	x			x

Dénomination	MOP		BEA	
	public	*privé*	*public*	*privé*
Risque environnemental	x			x
Risque archéologique	x			x
Risque de pollution des sols	x			x
Défaillance d'un membre du groupement chargé des travaux	x			x
Défaillance d'un sous-traitant ou d'un prestataire de services	x			x
Risque de vol et de dégradation	x			x
Risque d'accident	x			x
Mauvaise estimation du calendrier	x			x
Dépassement des délais		x		x
Grèves, intempéries, force majeure	x		x	
Conception non conforme au programme fonctionnel		x		x
Retards dans la levée des réserves	x			x
Dépassement des coûts		x		x
Dommages causés aux personnes et aux biens	x			x
Vice de construction		x		x
Phase d'exploitation maintenance				
Non atteinte des performances / indisponibilité	x			x
Usure normale ou anormale de l'ouvrage	x			x
Risque d'obsolescence	x			x
Poussée inflationniste sur les charges courantes	x			x
Mauvaise estimation des coûts de maintenance	x			x
Mauvaise estimation des coûts de GER	x			x
Remise à niveau des installations en fin de contrat	x			x
Changements législatifs ou réglementaires d'impact mineur	x			x
Changements législatifs ou réglementaires d'impact important	x		x	
Évolution des technologies	x			

Dénomination	MOP		BEA	
	public	*privé*	*public*	*privé*
Acte de vandalisme (dans la limite de 1 000 € par an)	x			x
Acte de vandalisme (au-delà de 1 000 € par an)	x		x	
Remise au niveau des installations en fin de contrat		x		x

Dénomination	MOP		BEA	
	public	*privé*	*public*	*privé*
Risque financier				
Mise à disposition des financements	x			x
Évolution des taux d'intérêt	x			x
Évolution des indices d'inflation	x			x
Évolution de la règlementation fiscale concernant l'ouvrage	x		x	
Évolution de la règlementation fiscale concernant la structure de portage	x			x
Divers				
Résiliation pour motif d'intérêt général	x		x	
Résiliation pour cas de force majeure	x		x	
Résiliation pour faute du groupement		x		x
Causes légitimes	x		x	

Annexe 7

COMPARATIF SECTORIEL

	BEA de droit commun	BEA Police-Justice-Armée	BEA Hospitalier	BEA Logements sociaux	BEA Équipements sportifs	BEA Photovoltaïques
Droit applicable	– Loi n° 88-132 du 5 janvier 1988. – Dispositions codifiées aux articles L. 1311-2 et suivants du Code général des collectivités territoriales.	– Loi n° 2002-1094 d'orientation et de programmation pour la sécurité intérieure du 29 août 2002. – Loi n° 2002-1138 d'orientation et de programmation pour la justice du 9 septembre 2002. – Loi relative à la programmation militaire pour les années 2003-2008 du 27 janvier 2003.	– Ordonnance n° 2003-850 portant simplification de l'organisation et du fonctionnement du système de santé ainsi que des procédures de création d'établissements ou de services sociaux ou médico-sociaux soumis à autorisation du 4 septembre 2003. – Dispositions codifiées aux articles L. 6148-1 et suivants du Code de la santé publique.	– Loi n° 2009-179 pour l'accélération des programmes de construction et d'investissement publics et privés du 17 février 2009.	– Loi n° 2009-179 pour l'accélération des programmes de construction et d'investissement publics et privés du 17 février 2009.	– Loi n° 88-132 du 5 janvier 1988. – Dispositions codifiées aux articles L. 1311-2 et suivants du Code général des collectivités territoriales.

	BEA de droit commun	BEA Police-Justice-Armée	BEA Hospitalier	BEA Logements sociaux	BEA Équipements sportifs	BEA Photovoltaïques
Objet du contrat	– Mission de service public. – Opération d'intérêt général relevant des compétences de la collectivité territoriale.	– Pour les besoins de la justice, de la police ou de la gendarmerie nationales.	– Pour les besoins d'un établissement public de santé ou d'une structure de coopération sanitaire dotée de la personnalité publique.	– Construction des logements sociaux.	– Réalisation des enceintes sportives et des équipements connexes nécessaires à leur implantation.	– Opération d'intérêt général relevant des compétences de la collectivité territoriale (inscrire l'équipement dans le cadre d'une politique de développement durable et de préservation du cadre de vie par la production sur le territoire de la collectivité concernée d'énergies propres).
Personnes publiques concernées	Collectivités territoriales, leurs établissements publics ainsi que les groupements de ces collectivités.	Collectivités territoriales et EPCI pour le compte de l'État.	Collectivités territoriales et EPCI ainsi que les établissements publics de santé et les structures de coopération sanitaire directement ou à travers une collectivité territoriale.	État ou ses établissements publics.	Collectivités territoriales, leurs établissements publics ainsi que les groupements de ces collectivités.	Collectivités territoriales, leurs établissements publics ainsi que les groupements de ces collectivités.

	BEA de droit commun	**BEA Police-Justice-Armée**	**BEA Hospitalier**	**BEA Logements sociaux**	**BEA Équipements sportifs**	**BEA Photovoltaïques**
Champ du contrat	Construction d'un bâtiment et gestion d'un service public ou d'une activité d'intérêt général.	Répondre aux besoins immobiliers en matière de justice, police et gendarmerie nationales.	Répondre aux besoins immobiliers des établissements publics sanitaires et des structures de coopération sanitaire.	– Répondre aux besoins immobiliers en matière de logements sociaux. – Réhabiliter les ouvrages existants.	Répondre aux besoins immobiliers en matière d'équipements sportifs.	Production sur le territoire de la collectivité concernée d'énergies propres.
Durée du contrat	De 18 à 99 ans.	De 18 à 99 ans.	De 18 à 99 ans.	De 18 à 99 ans.	De 18 à 99 ans.	De 18 à 99 ans.
Évaluation préalable	– Non obligatoire. – Obligatoire si éligibilité au FCTVA.	– Non obligatoire. – Obligatoire si éligibilité au FCTVA.	Obligatoire (arrêté du 17 novembre 2006).	– Non obligatoire. – Obligatoire si éligibilité au FCTVA.	– Non obligatoire. – Obligatoire si éligibilité au FCTVA.	– Non obligatoire. – Obligatoire si éligibilité au FCTVA.
Prescription des besoins		Besoin exprimé par l'État.	Programme détaillé en fonction du schéma régional d'organisation sanitaire.	Besoin élaboré en concertation avec la collectivité locale concernée.		
Domanialité publique	Bail sur une dépendance de domaine public hors champ d'application des contraventions de voirie.	Bail sur une dépendance de domaine public hors champ d'application des contraventions de voirie.	Bail sur une dépendance de domaine public hors champ d'application des contraventions de voirie.	Bail sur une dépendance de domaine public hors champ d'application des contraventions de voirie.	Bail sur une dépendance de domaine public hors champ d'application des contraventions de voirie.	Bail sur une dépendance de domaine public hors champ d'application des contraventions de voirie.

	BEA de droit commun	BEA Police-Justice-Armée	BEA Hospitalier	BEA Logements sociaux	BEA Équipements sportifs	BEA Photovoltaïques
Maîtrise d'ouvrage	Transfert implicite à l'emphytéote.	Transfert à l'emphytéote.	Transfert à l'emphytéote.	Transfert à l'emphytéote.	Transfert implicite à l'emphytéote.	Transfert implicite à l'emphytéote.
Conception de l'ouvrage	À la charge de l'emphytéote implicitement.	À la charge de l'emphytéote implicitement.	À la charge de l'emphytéote implicitement.	À la charge de l'emphytéote implicitement.	À la charge de l'emphytéote implicitement.	À la charge de l'emphytéote implicitement.
Obligation de publicité	Publicité obligatoire (nationale et européenne en fonction du seuil).	Publicité obligatoire (nationale et européenne en fonction du seuil).	Publicité obligatoire (nationale et européenne en fonction du seuil).	Publicité obligatoire (nationale et européenne en fonction du seuil).	Publicité obligatoire (nationale et européenne en fonction du seuil).	Publicité obligatoire (nationale et européenne en fonction du seuil).
Mode de consultation	– Procédure non formalisée (consultation type concours). – Dialogue compétitif si complexité.	– Procédure non formalisée (consultation type concours). – Dialogue compétitif si complexité.	– Appel d'offres. – Dialogue compétitif si complexité.	– Procédure non formalisée (consultation type concours). Dialogue compétitif si complexité.	– Procédure non formalisée (consultation type concours). – Dialogue compétitif si complexité.	– Procédure non formalisée (consultation type concours). – Dialogue compétitif si complexité.
Sélection du cocontractant	Choix type performentiel.	Choix type performentiel.	Offre économiquement la plus avantageuse.	Choix type performentiel.	Choix type performentiel.	Choix type performentiel.

	BEA de droit commun	BEA Police-Justice-Armée	BEA Hospitalier	BEA Logements sociaux	BEA Équipements sportifs	BEA Photovoltaïques
Contenu du contrat	– Possibilité de convention de MAD non détachable. – Cession avec agrément de la collectivité ou de l'EPCI. – Hypothèque approuvée par la collectivité. – Faculté de substitution de la collectivité. Clauses de préservation du service public.	– Convention tripartite relative aux modalités de mise à disposition. – Clauses de préservation du service public.	– La répartition des risques entre chacune des parties doit être clairement identifiée : clause portant sur la durée des contrats strictement adaptée à l'objet du contrat. – Transparence et règles relatives aux modalités et éléments de calcul de l'assiette de la rémunération de l'emphytéote et leurs évolution, en distinguant l'investissement, le fonctionnement et le coût financier. – Montage financier et les garanties prévues : contrôle de la qualité et conditionnement de la rémunération de l'emphytéote par la qualité des services rendus et application d'éventuelles sanctions.		– Possibilité de convention de MAD non détachable. – Cession avec agrément de la collectivité ou de l'EPCI. Hypothèque approuvée par la collectivité. – Faculté de substitution de la collectivité. – Clauses de préservation du service public.	– Création des droits réels sur les installations. – Cession des droits d'exploitation avec agrément de la collectivité ou de l'EPCI. – Hypothèque approuvée par la collectivité. – Faculté de substitution de la collectivité. – Clauses de préservation du service public.

Annexe 8

MODÈLE DE CONTRAT

BAIL EMPHYTÉOTIQUE ADMINISTRATIF (BEA) EN VUE DE LA RÉALISATION DE LOGEMENTS SOCIAUX (ART. 7 I. ET II. LOI 2009-179 DU 17 FÉVRIER 2009) SUR UN BIEN IMMOBILIER SIS À...

NB : ces clauses devront être précisées au cas par cas compte tenu de la diversité des situations possibles.

Sommaire

Identification des Parties au contrat

[OPTION 1 : Acte notarié]

L'AN......
LE......
A......
POUR [désignation du Bailleur] et [désignation du Preneur]
Maître......, Notaire à......

A reçu le présent acte contenant BAIL EMPHYTÉOTIQUE ADMINISTRATIF à la requête des personnes ci-après identifiées :

[OPTION 2 : Acte administratif]

ENTRE :

L'ÉTAT, ci-après dénommé « le Bailleur »,

Conformément aux dispositions de l'article 6 du décret du 4 janvier 1955, il est mentionné que l'ÉTAT FRANÇAIS n'est pas inscrit au répertoire des entreprises prévu par le décret n° 73-314 du 14 mars 1973 modifié (SIREN)

représenté par :

[SOUS-OPTION 1 : BEA conclu en tout ou partie sur le domaine public de l'État]

[..........], Préfet de [..........], nommé par décret du Président de la République en date du [..........] publié au *Journal officiel de la République Française* du [..........], agissant en sa qualité de représentant de l'État à [..........], dans le cadre des articles 1, 15 et 19 du décret n° 2004-374 du 29 avril 2004 et en vertu des articles R. 53 et R. 129-4 du Code du domaine de l'État ;

[SOUS-OPTION 2 : BEA conclu en totalité sur le domaine privé de l'État]

Sous-option 2.1. :

[..........], Préfet de [..........], agissant en sa qualité de représentant de l'État à [..........] dans le cadre des articles 1, 15 et 19 du décret n° 2004-374 du 29 avril 2004 et en vertu des articles R. 66 et R. 129-4 du Code du domaine de l'État.

Sous-option 2.2. :

[..........], Préfet de [..........], agissant en sa qualité de représentant de l'État à [..........] dans le cadre des articles 1, 15 et 19 du décret n° 2004-374 du 29 avril 2004 et en vertu des articles R. 66 et R. 129-4 du Code du domaine de l'État, non présent mais représenté par :

Monsieur [..........], Receveur Général des Finances, Trésorier-Payeur Général de la région [..........], domicilié à la recette générale des finances de [..........], nommé à cette fonction par décret du Président de la République du [..........], publié au *Journal officiel de la République Française* du [..........], Monsieur [..........] agissant en vertu de la délégation de signature qui lui a été consentie par Monsieur le Préfet de la région [..........], aux termes d'un arrêté en date du [..........] publié au recueil des actes administratifs de la préfecture et dont une copie informatique est demeurée jointe et annexée après mention, Monsieur [..........] non présent mais représenté par :

Monsieur [..........], chef des services du Trésor public à la recette générale des finances, Monsieur [..........] agissant en vertu de la subdélégation de signature du Préfet pour les missions domaniales du [..........], publiée au recueil des actes administratifs numéro [..........] du [..........].

D'UNE PART,

ET

[..........], représenté par [..........], domicilié [..........], ci-après dénommé « le Preneur »,

D'AUTRE PART,

Les parties aux présentes attestent par elles-mêmes ou leurs représentants que rien ne peut limiter leur capacité pour l'exécution des engagements pris aux présentes.

Le représentant ès-qualités du Preneur déclare que :
– le Preneur est une société dûment constituée et existant valablement, dont le siège social est à l'adresse indiquée en tête des présentes ;
– le Preneur n'est concerné par aucune demande en nullité ou en dissolution ;
– le Preneur n'a pas fait et ne fait pas l'objet de mesures visées au Code du commerce, relatives aux difficultés des entreprises et portant sur la procédure de conciliation, la sauvegarde, le redressement et la liquidation judiciaires et qu'aucune mesure visant à obtenir la nomination d'un mandataire *ad hoc*, d'un conciliateur, d'un administrateur judiciaire ou d'un liquidateur, en application des textes susvisés, n'est susceptible d'être introduite par un tiers ;
– le Preneur et ses représentants ont la capacité légale et ont obtenu tous les consentements et autorisations de ses organes sociaux et, le cas échéant, des autorités administratives compétentes, et tous autres consentements et autorisations nécessaires afin de l'autoriser à conclure et exécuter ses obligations nées du Bail ;
– la signature des présentes et leur exécution par le Preneur ne contreviennent à aucun contrat ou engagement auquel il est partie, ni à aucune loi, réglementation ou décision administrative, judiciaire ou arbitrale qui lui est opposable et dont le non-respect pourrait faire obstacle à la bonne exécution des engagements nés du Bail ; spécialement en signant les présentes, il ne contrevient à aucun engagement contracté par lui envers des tiers.

IL EST PRÉALABLEMENT EXPOSÉ CE QUI SUIT :

Exposé préalable

Pour la réalisation de la présente opération de logements sociaux, les Parties ont décidé de conclure un bail emphytéotique administratif conformément à l'article 7 I. et II. de la loi n° 2009-179 du 17 février 2009 pour l'accélération des programmes de construction et d'investissement publics et privés dont les dispositions sont ci-après littéralement rapportées :

« I. – Un bien immobilier appartenant à l'État ou à ses établissements publics peut faire l'objet du bail emphytéotique prévu à l'article L. 451-1 du Code rural en vue de la réalisation de logements sociaux. Ce bail emphytéotique est dénommé bail emphytéotique administratif.

Un tel bail peut être conclu même si le bien sur lequel il porte, en raison notamment de l'affectation du bien résultant soit du bail ou d'une convention non détachable de ce bail, soit des conditions de la gestion du bien ou du contrôle par la personne publique de cette gestion, constitue une dépendance du domaine public, sous réserve que cette dépendance demeure hors du champ d'application de la contravention de voirie.

II. – Les baux passés en application du I satisfont aux conditions particulières suivantes :

1° Les droits résultant du bail ne peuvent être cédés, avec l'agrément de la personne publique, qu'à une personne subrogée au preneur dans les droits et obligations découlant de ce bail et, le cas échéant, des conventions non détachables conclues pour la réalisation de l'opération mentionnée au I ;

2° Le droit réel conféré au titulaire du bail de même que les ouvrages dont il est propriétaire sont susceptibles d'hypothèque uniquement pour la garantie des emprunts contractés par le preneur en vue de financer la réalisation ou l'amélioration des ouvrages situés sur le bien loué.

Le contrat constituant l'hypothèque doit, à peine de nullité, être approuvé par la personne publique propriétaire ;

3° Seuls les créanciers hypothécaires peuvent exercer des mesures conservatoires ou des mesures d'exécution sur les droits immobiliers résultant du bail.

La personne publique a la faculté de se substituer au preneur dans la charge des emprunts en résiliant ou en modifiant le bail et, le cas échéant, les conventions non détachables. Elle peut également autoriser la cession conformément au 1° ;

4° Les litiges relatifs à ces baux sont de la compétence des tribunaux administratifs ;

5° Les constructions réalisées dans le cadre de ces baux peuvent donner lieu à la conclusion de contrats de crédit bail. »

Le présent bail a été conclu suite à une procédure de mise en concurrence dont les principales étapes sont ci-après rappelées :

[..........]

Le bien donné à bail appartient au domaine [public ou privé] de l'État.

CELA AYANT ETE EXPOSÉ, IL EST CONVENU CE QUI SUIT :

CHAPITRE 1. CLAUSES GÉNÉRALES

Article 1. Définitions et interprétation

Les termes employés dans le présent acte sont définis comme suit :

Bail	Désigne le présent contrat.
Bailleur	Désigne le propriétaire du Bien.
Bien	Désigne le ou les biens objets du présent Bail.
Date d'Achèvement de l'Ouvrage	A le sens qui lui est donné par l'article 17.
Date d'Entrée en Vigueur	A le sens qui lui est donné par l'article 3.
Mise à Disposition	A le sens qui lui est donné par l'article 8.
Ouvrage	Désigne l'immeuble que le Preneur s'engage à construire ou à rénover et à affecter au logement social, visé à l'article 15.
Parties	Désigne le Bailleur et le Preneur.
Plan de maintenance	Désigne le plan visé à l'article 20, qui est annexé au présent Bail.

Plan de gros entretien et de renouvellement	Désigne le plan visé à l'article 21, qui est annexé au présent Bail et correspond à une obligation du Preneur quant à ses normes comptables.
Plan de patrimoine	Désigne le plan visé à l'article 21 qui est établi tous les 5 ans à la suite d'un mémoire contradictoire.
Plan de remise en état	Désigne le plan visé à l'article 32 dont l'objet est, [..........] avant la fin du Bail, de fixer les travaux devant être faits par le preneur du fait du non respect du Plan de maintenance et/ou du Plan de gros entretien.
Preneur	Désigne le locataire du Bien sus-dénommé.
Redevance	A le sens qui lui est donné par l'article 25.
Terrain	Désigne le terrain mis à disposition du Preneur en application du Bail.
Travaux	Désigne les travaux que le Preneur s'engage à réaliser pour l'édification de l'Ouvrage visé à l'article 15.

Les titres des chapitres, articles et annexes du Bail sont donnés à titre indicatif et ne peuvent être pris en compte pour interpréter le contenu de ceux-ci.

Ont valeur contractuelle le présent Bail et ses annexes.

En cas de divergence ou de contradiction entre le Bail et ses Annexes, le Bail prévaudra.

Article 2. Objet du Bail

Le Bailleur donne à Bail au Preneur, qui l'accepte, le Bien désigné à l'article 7 dont il est propriétaire afin qu'il y conçoive, réalise et gère un immeuble à usage de logements sociaux.

Ce Bail constitue un bail emphytéotique administratif conclu en application de l'article 7 I. et II. de la loi n° 2009-179 du 17 février 2009 pour l'accélération des programmes de construction et d'investissement publics et privés. Il confère au Preneur un droit réel sur le Bien.

Le Preneur s'engage, en son nom et au nom de ses ayants cause éventuels, à maintenir l'usage de logements sociaux du Bien pendant toute la durée du présent Bail. Aucun changement de l'usage des lieux, réalisation d'ouvrages ou d'aménagements substantiels nouveaux, ne pourra intervenir sans l'accord préalable et écrit du Bailleur. Il est rappelé qu'à ce jour, l'État ne peut consentir de bail emphytéotique administratif que pour un usage de logement social.

Article 3. Durée du Bail

Le présent Bail est consenti et accepté ***pour une durée de [..........] années*** à compter du [Date d'Entrée en Vigueur] pour se terminer le [..........].

Cette durée comprend :
– d'une part, une phase de réalisation de travaux (construction ou réhabilitation de l'Ouvrage) ;
– d'autre part, une période d'exploitation de l'Ouvrage, à savoir la gestion des logements sociaux.

En aucun cas, le Bail ne pourra faire l'objet d'une prorogation par tacite reconduction.

À l'expiration de la durée du Bail, le Preneur ne pourra en aucun cas se prévaloir d'un quelconque droit au maintien dans les lieux ou au renouvellement.

Article 4. Autorisations administratives

Le Preneur, en qualité de maître d'ouvrage, est responsable de l'obtention de toute autorisation d'urbanisme et, le cas échéant, de toute autorisation administrative nécessaire à la réalisation de l'Ouvrage. Les autorisations devront être devenues définitives (purgées des délais de recours des tiers, de retrait administratif et de déféré préfectoral).

À cet égard, le Preneur s'engage :

– à déposer le [les] dossier(s) de demande(s) d'autorisations d'urbanisme au plus tard le [..........].

Le présent Bail sera caduc de plein droit à défaut de dépôt de la demande de permis de construire dans un délai de [..........] à compter de sa Date d'Entrée en Vigueur ;

– à faire procéder à l'affichage de l'autorisation d'urbanisme sur le Bien, dans les dix jours ouvrés de la notification de son ampliation ;

– à transmettre au Bailleur pour information le [les] dossier(s) de demande(s) d'autorisation d'urbanisme et les autorisations délivrées le cas échéant, dans les plus brefs délais après obtention desdites autorisations.

Les Parties ont expressément convenu de ce que le caractère définitif de l'autorisation d'urbanisme résultera :

– d'une part, de la production par l'autorité administrative compétente, dans les dix jours de l'expiration d'un délai de quatre-vingt-dix (90) jours après l'accomplissement des formalités d'affichage de l'autorisation d'urbanisme sur le Bien, d'une attestation certifiant :

• qu'elle n'a reçu aucune notification de recours gracieux ou contentieux dans le délai légal,

• qu'elle n'a reçu aucun recours gracieux du Préfet exercé dans le délai de deux mois de la transmission à ce dernier, par ses soins, de l'autorisation d'urbanisme ;

– d'autre part, de la production par l'autorité administrative compétente, dans les dix jours de l'expiration d'un délai de trois (3) mois entiers après la délivrance de l'autorisation d'urbanisme, d'une attestation certifiant qu'elle n'a pas retiré ladite autorisation.

Le Preneur devra demander l'attestation de non-recours et de non-retrait dans les trois mois de l'obtention de l'arrêté de permis de construire ; à défaut il ne pourra pas invoquer le caractère non-définitif dudit permis de construire.

Le Bailleur autorise dès à présent le Preneur à déposer tout dossier de demande d'autorisation administrative sur le Bien portant sur l'édification ou la réhabilitation de l'Ouvrage à usage de logements sociaux, ainsi que tout dossier de demande complémentaire, rectificative ou modificative.

En cas de refus du permis de construire nécessitant le dépôt d'une nouvelle demande, le Preneur s'engage à procéder, par écrit, à la remise au Bailleur, dans le délai de cinq jours ouvrés de la copie de la notification, dudit refus.

Dans cette hypothèse, le dépôt des pièces nécessaires à l'instruction d'un nouveau dossier de permis de construire devra être effectué dans le délai de quarante-cinq jours de la notification dudit refus.

Article 5. Recours contre les autorisations ou le Bail

En cas de recours d'un tiers ou de retrait administratif relatif à l'une des autorisations nécessaires à la réalisation des travaux, la Partie informée la première en informe sans délai l'autre Partie et lui communique l'ensemble des pièces du recours afin de permettre aux Parties d'apprécier le caractère sérieux du recours ou, dans le cas d'un retrait administratif, les motifs ayant conduit l'administration à procéder audit retrait.

Pareillement, en cas de recours d'un tiers formé à l'encontre du Bail ou d'un acte détachable du Bail, le Bailleur en informe sans délai le Preneur et lui communique l'ensemble des pièces du recours. Les Parties se rapprochent pour déterminer ensemble les conséquences qu'il convient de tirer dudit recours et pour s'accorder sur les conditions de poursuite de l'opération.

Les Parties pourront alors décider d'un commun accord, soit :

a) de ne pas donner suite à la réalisation de l'opération ;
b) de poursuivre la réalisation de l'opération envisagée ;
c) de procéder au dépôt, dans le délai d'un mois de leur accord, d'une demande d'un nouveau permis de construire ou d'une nouvelle autorisation administrative.

En cas de recours ou de retrait de l'autorisation d'urbanisme, le Preneur s'engage à faire toute diligence auprès des services administratifs compétents pour que le dossier de demande de permis de construire soit instruit dans les meilleurs délais et à satisfaire aux réserves qui auraient été formulées et imposées par l'Administration, en cas d'une éventuelle décision de refus.

Dans tous les cas visés par le présent article, le Bailleur peut décider de procéder à la résiliation du Bail, éventuellement sur demande du Preneur. Cette décision est notifiée sans délai au Preneur. Le Preneur pourra dans ce cas bénéficier d'une indemnisation. Cette indemnisation devra couvrir l'ensemble des dépenses utiles engagées telles que définies par la jurisprudence administrative. Il appartiendra au Preneur de fournir tous les justificatifs nécessaires pour déterminer précisément le montant de ces dépenses.

Article 6. Cession du Bail et apport en société

Conformément à l'article 7 I. et II. de la loi n° 2009-179 du 17 février 2009, le Preneur ne pourra effectuer de cession en tout ou partie de ses droits, résultant notamment d'une cession de contrat, de fusion, d'un apport ou d'une scission, sans l'accord préalable et écrit du Bailleur.

Toute cession ou tout apport devra être notifié par exploit d'huissier au Bailleur qui conservera tout droit vis-à-vis tant du Preneur que de ceux que ce dernier se sera substitués, avec solidarité et sans division entre eux.

Une copie exécutoire de l'acte sera délivrée au Bailleur aux frais du cessionnaire.

CHAPITRE 2. MISE À DISPOSITION DU BIEN

Article 7. Désignation du Bien donné à bail

– Soit une parcelle située [..........] cadastrée sous le numéro [..........] tel que ledit Bien se poursuit et comporte, avec toutes ses aisances, dépendances et immeubles par destination, servitudes et mitoyennetés, sans exception ni réserve, autres que celles pouvant être le cas échéant relatées aux présentes, et est identifié au plan périmétral établi par [..........], le [..........], sous les références [..........] et dont un exemplaire original est demeuré ci-annexé.

– Soit en cas de volume
Désignation de l'ensemble immobilier dont dépend l'immeuble
A............. figurant au cadastre de ladite commune sous les références suivantes :
[..........]
L'ensemble immobilier correspond :
–
–

Ayant fait l'objet d'un état descriptif de division en volumes reçu par Me.............

Désignation de l'immeuble donné à bail
Dans l'ensemble immobilier, le volume n° .... destiné à contenir un programme de logements sociaux tel que le volume n° .... est défini aux termes de l'EDDV et tel que son emprise est figurée sur les plans établis par le Cabinet ...., géomètre expert à .... (Annexe......).

Si la parcelle d'assiette du bail est issue d'une division foncière : rappeler la déclaration préalable.

Article 8. Mise à Disposition du Bien

Le Bien fera l'objet d'une visite par les Parties en vue de dresser un état des lieux contradictoire dans le délai de [..........] à compter de la signature des présentes.

L'état des lieux sera signé par les Parties dans les plus brefs délais après la visite du Bien.

Le Bien objet du présent Bail sera remis par le Bailleur à la garde du Preneur à compter de la date de la signature de l'état des lieux.

Article 9 : Situation du Bien

[OPTION 1 : Le Bien est libre]

Le Bailleur déclare que le Bien est sa propriété, qu'il est libre de toute occupation et de toute entrave autre que les servitudes mentionnées à l'article 10 ci-après.

[OPTION 2 : Le Bien est occupé en tout ou partie]

Le Bailleur déclare que le Bien est loué, ainsi qu'il résulte d'un état locatif dressé le [..........] annexé aux présentes.

Le Preneur déclare avoir pris connaissance de cette situation locative et en faire son affaire personnelle.

Les Parties déclarent faire leur affaire personnelle de tous comptes de prorata de charges et loyers et du remboursement des dépôts de garantie dans les [..........] mois des présentes.

Article 10. Servitudes

[Énumérer les éventuelles servitudes]

Le Preneur fera son affaire personnelle et sans recours contre le Bailleur, des servitudes de toute nature pouvant grever le Bien sauf à s'en défendre, et à profiter de celles actives, s'il en existe, le tout à ses risques et périls sans aucun recours contre le Bailleur.

À cet égard, le Bailleur déclare qu'à sa connaissance, il n'existe pas d'autres servitudes que celles résultant éventuellement de la loi, des titres de propriété et que celles énumérées ci-avant.

Article 11. État du Bien

Outre les informations fournies au titre de l'Annexe [..........] visée à l'article 7, le Bailleur communique gratuitement et préalablement à la signature du Bail les documents en sa possession relatifs au Bien, et en particulier les études de sol et de sous-sol, dont une copie figure en Annexe [..........].

Le Bailleur déclare et garantit au Preneur qu'il a porté à sa connaissance tous les éléments en sa possession relatifs à la consistance et à l'état du Bien.

Le Preneur prendra le Bien, qu'il déclare parfaitement connaître, dans l'état où il se trouvera à la date de prise d'effet des présentes, sans pouvoir exercer aucun recours contre le Bailleur pour quelque cause que ce soit, notamment pour mauvais état du sol ou du sous-sol, vices même cachés, comme aussi sans aucune garantie d'erreur dans la désignation et dans la contenance indiquée, quelque puisse être la différence en plus ou en moins et renoncer à demander toutes indemnités ou dommages et intérêts en raison des défauts apparents ou cachés, qui pourraient résulter de la nature du sol ou du sous-sol.

Le Preneur ne peut non plus élever aucune réclamation de remise en état ou d'adjonction d'équipements supplémentaires, ni exiger du Bailleur des travaux ou réparations rendus nécessaires pour adapter le Bien donné à bail conformément à l'affectation telle que précisée à l'article 15.

Article 12. Urbanisme

Le terrain, objet du présent bail est situé en zone XX du plan local d'urbanisme.

L'utilisation du terrain ainsi que les constructions à édifier doivent répondre aux dispositions des articles XX, XX, XX du règlement d'urbanisme.

Article 13. Origine de propriété

Le terrain, objet du présent bail, appartient au Bailleur pour l'avoir acquis de [..........] aux termes d'un acte reçu par [..........] en date du [..........].

CHAPITRE 3. PROGRAMME DE LOGEMENTS. RÉALISATION, EXPLOITATION ET ENTRETIEN DE L'OUVRAGE

Article 14. Programme de logements

Le preneur s'engage à réaliser au titre du présent Bail le programme de logements, tel qu'il est précisé à l'Annexe [..........]. Le Preneur transmettra au Bailleur, quinze jours au moins avant la date prévisionnelle de dépôt de la demande de permis de construire, une copie du dossier de demande de permis de construire, pour accord du Bailleur sur la conformité au programme de logements.

Il assume à cet égard toutes les charges et prérogatives liées à sa qualité de maître d'ouvrage. Les éléments de conception sont établis sous son entière responsabilité.

Il prend à sa charge tous les travaux et l'ensemble des dépenses qui en résultent nécessaires à la réalisation de cette opération immobilière.

Le Preneur se réserve toutefois le droit de procéder à des modifications du programme de logements qu'imposeraient d'éventuelles contraintes techniques ou réglementaires. Il s'engage alors à soumettre toute modification du programme ou du calendrier des travaux à l'accord du Bailleur. Le cas échéant, les Parties pourront convenir par avenant de l'éventuelle modification de la redevance visée à l'article 25 ci-après en résultant.

Article 15. Procédure et délais de réalisation

Le Preneur transmettra au Bailleur dans les [..........] jours de leur obtention une copie conforme de l'ensemble des autorisations nécessaires à la réalisation des Travaux.

Le Preneur supportera les conséquences financières de l'allongement de la durée des opérations de conception sans recours contre le Bailleur et sans prolongation de la durée du Bail.

Le Preneur s'engage à exécuter et achever les travaux dans un délai de [..........], le délai commençant à courir du jour où les autorisations administratives nécessaires auront acquis un caractère définitif.

Le non-respect de ce délai entraînera [..........] jours après une mise en demeure du Bailleur par lettre recommandée avec accusé de réception restée sans effet, l'application de pénalités égales à [..........] euros par jour de retard.

Le montant des pénalités, telles que définies ci-dessus, sera indexé sur l'évolution de l'indice trimestriel INSEE du coût de la construction ou tout autre indice qui viendrait à le remplacer.

Article 16. Conditions d'exécution des travaux

Les travaux devront être réalisés conformément aux règles de l'Art, aux prescriptions réglementaires, aux obligations résultant des déclarations ou autorisations d'urbanisme.

Le Preneur fera son affaire du bon déroulement du chantier en se conformant notamment aux dispositions prévues par la réglementation en vigueur. Il fera son affaire personnelle des risques de voisinage.

Les travaux seront exécutés sous sa seule responsabilité mais il devra tenir informé le Bailleur de l'état d'avancement des travaux.

Les travaux pourront faire l'objet d'un suivi par les services techniques du Bailleur.

Le Preneur devra assurer aux représentants du Bailleur le libre accès aux installations et leur donner communication de toutes les pièces leur permettant de remplir leur mission.

Si le Preneur conclut des contrats avec des tiers pour assurer l'exécution de ses obligations au titre du Bail, il demeurera en tout état de cause seul responsable, vis-à-vis du Bailleur, de la parfaite exécution de ses obligations au titre du Bail. Toute faute ou tout dommage causé par ces tiers relève de la seule responsabilité du Preneur.

Lorsque l'Ouvrage est achevé, le Preneur informe le Bailleur, en lui communiquant les procès-verbaux de réception des travaux avec ses contractants, au plus tard [..........] jours après signature de ceux-ci. La date de notification de ces procès-verbaux constitue la Date d'Achèvement de l'Ouvrage.

Article 17. Propriété des constructions

Les constructions édifiées et tous travaux d'aménagements effectués par le Preneur resteront sa propriété et celle de ses ayants cause pendant toute la durée du présent Bail.

Article 18. Obligations générales d'entretien des constructions

Le Preneur devra, pendant toute la durée du Bail, conserver en bon état d'entretien les constructions édifiées et tous les aménagements qu'il y aura apportés, et effectuer à ses frais et sous sa responsabilité, les réparations de toute nature, y compris les grosses réparations telles qu'elles sont définies par l'article 606 du Code civil, par les normes en vigueur et par l'usage, ainsi que le remplacement de tous éléments de la construction et de son aménagement au fur et à mesure que cela se révélera nécessaire.

Il devra notamment effectuer à ses frais et sous sa responsabilité tous travaux de ravalement prescrits par l'autorité publique dans le temps imparti et supporter toutes amendes et pénalités en cas de retard.

Le Preneur devra dans tous les cas de travaux de modification, amélioration, réfection, remplacement des installations, respecter toute réglementation s'y rapportant. Il s'engage à supporter toutes les conséquences préjudiciables de tous ses travaux et à indemniser le Bailleur de tous dommages de quelque nature qu'ils soient et qui auraient pour cause l'exécution desdits travaux.

Le Preneur répondra de l'incendie ou de tout autre sinistre affectant les constructions édifiées sur le Bien quelle qu'en soit la cause ; en cas de sinistre, le Preneur sera tenu de procéder à la reconstruction du ou des immeubles ou à la remise en état des parties endommagées ou à la reconstruction des fractions détruites ; cette reconstruction devra être agréée par écrit par le Bailleur à qui le preneur devra communiquer préalablement un dossier complet à cet effet.

Il devra faire effectuer, à ses frais, les contrôles ou diagnostics légaux ou réglementaires et les travaux permettant la mise aux normes des constructions édifiées qui s'impose au propriétaire du fait d'une disposition légale ou réglementaire.

Article 19. Maintenance et gestion

À compter de la Date d'Achèvement de l'Ouvrage, le Preneur s'engage à assurer la maintenance et la gestion de l'Ouvrage conformément aux prescriptions du Programme de logements relatives à la catégorie de logements prévue, pendant toute la durée du Bail.

Le Preneur exécute des prestations d'entretien et de maintenance préventive et curative. Ces prestations comprennent toutes les opérations qui permettent que l'Ouvrage convienne toujours à l'usage auquel il est destiné. Elles sont définies à l'Annexe [..........] (Plan de Maintenance), qui impose au Preneur une obligation de résultat sous forme d'objectifs et définit les moyens que mettra en œuvre le Preneur pour satisfaire à cette obligation. Au plus tard à la Date d'Achèvement de l'Ouvrage, l'Annexe [..........] (Plan de Maintenance] sera complétée par un Plan de Maintenance Détaillé établi par le Preneur, qui devra être soumis pour accord au Bailleur.

En outre, il appartient au Preneur, pendant la phase d'exploitation de l'Ouvrage, d'assurer la mise en conformité de celui-ci aux normes applicables.

Article 20. Programme de gros entretien et de renouvellement

Les prestations de gros entretien et de renouvellement sont définies à l'Annexe [..........] (Plan de Gros Entretien et de Renouvellement), qui impose au Preneur une obligation de résultat sous forme d'objectifs et définit les moyens que mettra en œuvre le Preneur pour satisfaire à cette obligation. Au plus tard à la Date d'Achèvement de l'Ouvrage, l'Annexe [..........] (Plan de Gros Entretien et de Renouvellement) sera complétée par un Plan de Gros Entretien et de Renouvellement Détaillé établi par le Preneur, qui devra être soumis pour accord au Bailleur.

Une visite quinquennale associant le Bailleur et le Preneur permettra de constater l'état de l'Ouvrage, de vérifier l'adéquation des besoins aux dépenses prévues pour l'année suivante. Un Plan de Patrimoine sera établi de manière contradictoire à cette occasion, et donnera lieu à un procès-verbal signé par les Parties. Ce Plan de Patrimoine pourra éventuellement modifier le Plan de Gros Entretien et de Renouvellement.

Pour les dépenses de gros entretien et de renouvellement qui sont à sa charge, le Preneur constituera ou fera constituer par le prestataire chargé de ces travaux des provisions sur un compte de réserve.

Ce compte de réserve mentionnera :
- les sommes reçues chaque année au titre de ce poste de renouvellement ;
- les sommes dépensées chaque année ;
- les sommes résiduelles restant en réserve (annuellement et de façon cumulée).

L'état du compte de réserve fera l'objet d'un compte rendu annuel au Bailleur.

Les excédents éventuels du compte de réserve resteront acquis au Bailleur à l'expiration du Bail.

Article 21. Environnement

Pour l'exécution des travaux qu'il réalisera, tant à l'origine qu'en cours de Bail, le Preneur s'engage à n'utiliser aucun matériau susceptible de présenter un danger pour la sécurité des occupants des constructions.

Si les matériaux qu'il a utilisés venaient à être interdits par une disposition nouvelle, il ferait son affaire personnelle de toutes les conséquences en résultant : recherche, diagnostic, suppression ou autres, le tout sans aucun recours contre le Bailleur.

Article 22. Conditions générales d'exploitation

Le Preneur s'oblige à prendre toutes dispositions et mesures nécessaires pour éviter au voisinage toute nuisance sonore ou autre, toute pollution, le tout de telle sorte que le Bailleur ne puisse en aucune manière être recherché au sujet de ces troubles, le Preneur garantissant le Bailleur contre toute réclamation à cet égard.

Au cas néanmoins où le Bailleur aurait à payer des sommes quelconques du fait du Preneur, celui-ci serait tenu de les lui rembourser sans délai.

Article 23. Assurances

Le Preneur contracte toutes les assurances nécessaires pour couvrir l'ensemble de ses responsabilités au titre des Travaux et de l'exploitation de l'Ouvrage. La liste de ces polices figure en Annexe [..........].

CHAPITRE 4. CLAUSES FINANCIÈRES

Article 24. Redevance

La redevance est fixée par le Trésorier- Payeur général au montant de [..........].

[OPTION 1]
Le présent Bail est consenti et accepté moyennant une redevance annuelle de [..........] euros.

[OPTION 2]

Le présent Bail est consenti et accepté moyennant une redevance annuelle calculée comme suit :
[..........]

[Dispositions communes aux options 1 et 2]

Il sera procédé chaque année au versement de cette redevance selon les modalités suivantes :
[..........]

La redevance est indexée dans les conditions suivantes :
[..........]

[OPTION 3] seulement possible sur le domaine privé (voir art. L. 2125-4 du Code général des propriétés des personnes publiques)

Le présent Bail est consenti et accepté moyennant une redevance fixée à la somme de [..........] euros correspondant aux redevances capitalisées sur ladite période de [..........] ans (durée du Bail).

La somme de [..........] euros est versée ce jour par le Preneur au Bailleur ainsi qu'il résulte de la comptabilité du notaire soussigné.

Par suite de ce versement, [..........], Trésorier- Payeur général de [..........] consent bonne et valable quittance totale et définitive de la redevance capitalisée, soit [..........] euros.

[..........] habilité à donner quittance en vertu des articles 20 et 68 du décret n° 62-1587 du 29 décembre 1962 modifié par décret n° 2006-1792 du 23 décembre 2006.

DONT QUITTANCE

Article 25. Financement

Conformément à l'article 7 I. et II. de la loi n° 2009-179 du 17 février 2009 pour l'accélération des programmes de construction et d'investissement publics et privés, le droit réel conféré au Preneur, de même que l'Ouvrage à construire par celui-ci, sont susceptibles d'hypothèques uniquement pour la garantie des emprunts contractés par le Preneur en vue de financer la réalisation ou l'amélioration des ouvrages situés sur le bien loué.

Conformément au même article, l'Ouvrage réalisé dans le cadre du Bail peut donner lieu à la conclusion d'un contrat de crédit-bail.

Article 26. Fiscalité

Le Preneur acquittera pendant toute la durée du Bail, en sus de la redevance d'occupation domaniale stipulée ci-avant, les impôts, contributions, taxes et redevances de toute nature auxquels le Terrain et l'Ouvrage qui sera édifié par ses soins sont et pourront être assujettis.

CHAPITRE 5. RÉSILIATION ET FIN DU BAIL

Article 27. Principes généraux communs à tout motif de résiliation

Quel que soit le motif de résiliation, résolution ou annulation, toutes les constructions élevées par le Preneur et tous aménagements réalisés par lui, ainsi que toutes améliorations, deviendront la propriété du Bailleur.

Le Bailleur sera substitué au Preneur dans les droits et les obligations du propriétaire mis à la charge de ce dernier, à l'exception de tout engagement financier. Le Bailleur pourra notamment percevoir les loyers résultant des baux d'habitation conclus avec les occupants des logements sociaux.

Article 28. Résiliation pour motif d'intérêt général

Pour des motifs d'intérêt général, le Bailleur pourra résilier le Bail moyennant un préavis de [..........] mois.

Le Preneur sera alors tenu de remettre au Bailleur l'Ouvrage en bon état d'entretien et d'utilisation.

Le Preneur aura droit à une indemnité destinée à compenser le préjudice matériel, direct et certain résultant pour lui de la résiliation et calculée comme suit : [..........]

Article 29. Résiliation pour faute ou pour défaut d'exécution des clauses et conditions du Bail

Le présent Bail pourra être résilié pour défaut d'exécution de l'une ou l'autre des charges et conditions prévues aux présentes, ainsi que dans le cas de manquement aux textes légaux et réglementaires applicables et [__] mois après un simple commandement ou une sommation d'exécuter resté en tout ou en partie sans effet pendant ce délai, et contenant déclaration du Bailleur de son intention de procéder à la résiliation, dans les conditions prévues par les textes en vigueur.

La résiliation sera notifiée par le Bailleur au Preneur par exploit d'huissier.

La résiliation pour faute du Preneur ne donne droit à paiement d'aucune indemnité et les redevances versées d'avance en rapport de l'année de résiliation resteront définitivement acquises au Bailleur, sans préjudice du droit pour le Preneur de poursuivre le recouvrement de toute somme pouvant lui être due par ailleurs.

Le Preneur versera au Bailleur une indemnité représentative de l'ensemble des préjudices subis par lui du fait de la résiliation au titre du présent article, qui comportera notamment [..........].

Article 30. Résiliation partielle

Pendant toute la durée du présent bail, le Bailleur aura la possibilité de résilier partiellement et de plein droit ledit Bail sur simple préavis de [..........] mois en ce qui concerne les emprises du bien qui ne supporteront pas de constructions ou qui ne seront pas directement indispensables à l'usage desdites constructions, ou encore dont le retrait ne modifiera pas la destination de ces dernières. Si une telle résiliation intervient pour tout ou partie desdites emprises du Bien, le Preneur ne pourra prétendre à aucune indemnité de quelque nature que ce soit, à l'exception du remboursement des frais supportés pour l'aménagement des emprises concernées par ledit Bien. Il sera toutefois procédé, après décision du Trésorier-Payeur général, à une révision du montant de la redevance qui donnera lieu à un avenant au présent contrat.

Article 31. Sort des biens en fin de Bail

À la fin du Bail, quelle qu'en soit la cause, l'Ouvrage deviendra de plein droit et gratuitement la propriété du Bailleur.

[..........] années avant la date d'expiration normale du Bail, et le plus tôt possible en cas de fin anticipée, le Bailleur et le Preneur examineront, le cas échéant avec le concours d'un expert désigné d'un commun accord, si le Plan de Maintenance et le Plan de Gros Entretien et de Renouvellement ont bien été respectés. S'il apparaît que tel n'est pas le cas, ou que des travaux sont nécessaires pour que l'Ouvrage puisse être rendu en bon état en fin de Bail, ils arrêteront et estimeront, le cas échéant avec le concours de l'expert, les travaux à réaliser sur l'Ouvrage. Ces travaux constituent le Plan de Remise en État. Les coûts liés aux expertises susmentionnées seront supportés par le Preneur.

Le Preneur devra exécuter, à ses frais, le Plan de Remise en État avant l'expiration du Bail. Dans les [..........] jours qui suivent l'établissement du Plan, le Preneur souscrira ou fera souscrire par son prestataire chargé des travaux de remise en état une garantie bancaire à première demande fournie par un organisme bancaire de premier rang, couvrant ses obligations au titre des travaux de remise en état réalisés par le Preneur.

À défaut de la remise de l'Ouvrage en bon état d'entretien et d'utilisation, le Bailleur pourra notamment procéder, aux frais du Preneur, aux opérations et travaux nécessaires à la mise en conformité de l'Ouvrage.

CHAPITRE 6. CLAUSES DIVERSES

Article 32. Interdiction d'invoquer des contrats autres que le Bail

Le présent Bail et ses annexes comprennent l'ensemble des engagements des parties. En conséquence, le Preneur ne pourra se libérer de ses obligations contractuelles en invoquant les clauses des contrats qu'il a conclus ou viendrait à conclure avec ses prêteurs, ou, en général, avec les prestataires chargés par lui de l'exécution d'une partie du Bail, et cela quand bien même ces clauses auraient été portées à la connaissance du Bailleur.

Article 33. Modification du contrat

Toute modification du contrat doit être formalisée par un avenant, signé par un représentant dûment habilité du Bailleur et du Preneur, qui précise la nature exacte de la modification et le cas échéant ses conséquences, notamment juridiques et financières.

Article 34. Location

Le Preneur pourra librement consentir toutes locations des logements sociaux, pour la durée du présent Bail.

Il pourra notamment consentir aux locataires de son choix, tous baux d'habitation soumis aux dispositions [..........].

Le Bailleur s'engage dès à présent à poursuivre les baux d'habitation qui auraient été conclus par le Preneur pendant la durée du présent bail et conformément à la destination des biens loués.

A cet égard, il est convenu :

– que le Preneur, ou son ayant droit, remettra le Bien au Bailleur en fin de bail dans son état d'occupation. Il lui transmettra l'ensemble des documents juridiques et comptables relatifs à cette situation d'occupation et lui versera tout prorata de loyers et de provisions pour charges et le solde non consommé du dépôt de garantie, s'il en a été perçu un ;

– que le Preneur s'engage à négocier de bonne foi avec les occupants en place la conclusion d'un nouveau bail soumis aux dispositions [..........].

Article 35. Information concernant les risques naturels et technologiques – réglementation générale

Les dispositions de l'article L. 125-5 du Code de l'environnement sont ci-après littéralement rapportées :

« I. – Les acquéreurs ou locataires de biens immobiliers situés dans des zones couvertes par un plan de prévention des risques technologiques ou par un plan de prévention des risques naturels prévisibles, prescrit ou approuvé, ou dans des zones de sismicité définies par décret en Conseil d'État, sont informés par le vendeur ou le bailleur de l'existence des risques visés par ce plan ou ce décret. À cet effet, un état des risques naturels et technologiques est établi à partir des informations mises à disposition par le préfet. En cas de mise en vente de l'immeuble, l'état est produit dans les conditions et selon les modalités prévues aux articles L. 271-4 et L. 271-5 du Code de la construction et de l'habitation.

II. – En cas de mise en location de l'immeuble, l'état des risques naturels et technologiques est fourni au nouveau locataire dans les conditions et selon les modalités prévues à l'article 3-1 de la loi n° 89-462 du 6 juillet 1989 tendant à améliorer les rapports locatifs et portant modification de la loi n° 86-1290 du 23 décembre 1986.

III. – Le préfet arrête la liste des communes dans lesquelles les dispositions du I et du II sont applicables ainsi que, pour chaque commune concernée, la liste des risques et des documents à prendre en compte.

IV. – Lorsqu'un immeuble bâti a subi un sinistre ayant donné lieu au versement d'une indemnité en application de l'article L. 125-2 ou de l'article L. 128-2 du Code des assurances, le vendeur ou le bailleur de l'immeuble est tenu d'informer par écrit l'acquéreur ou le locataire de tout sinistre survenu pendant la période où il a été propriétaire de l'immeuble ou dont il a été lui-même informé en application des présentes dispositions. En cas de vente de l'immeuble, cette information est mentionnée dans l'acte authentique constatant la réalisation de la vente.

V. – En cas de non-respect des dispositions du présent article, l'acquéreur ou le locataire peut poursuivre la résolution du contrat ou demander au juge une diminution du prix. »

Article 36. Déclaration relative aux sinistres

En application de l'article L. 125-5 IV du Code de l'environnement, le Bailleur déclare que pendant la période où il a été propriétaire, le Bien n'a pas subi de sinistre ayant donné lieu au versement d'une indemnité en application de l'article L. 125-2 ou de l'article L. 128-2 du Code des assurances et que, par ailleurs, il n'avait pas été lui-même informé d'un tel sinistre en application de ces mêmes dispositions.

Article 37. État des risques

Conformément aux dispositions de l'article L. 125-5 du Code de l'environnement, un état des risques naturels et technologiques en date du [..........] est demeuré ci-joint annexé.

Le Preneur déclare avoir parfaite connaissance de son contenu.

Article 38. Informations particulières sur le Bien

[OPTION 1 : Travaux sur existant]

À titre purement informatif, il est remis par le Bailleur au Preneur les documents suivants :

Amiante – Saturnisme – Termites]

[OPTION 2 : Construction neuve]

Aux présentes est demeuré annexé un rapport de recherche historique diagnostic pollution établi par [..........] le [..........] sous les références [..........] dont les conclusions sont ci-après reprises :

[..........]

Le Preneur déclare avoir parfaite connaissance de ce document qui lui a été transmis préalablement aux présentes par l'étude qu'il a pu en faire, assisté de ses conseils ;

il prendra le Bien dans l'état où il se trouvera du fait de ladite pollution ci-dessus révélée le cas échéant le jour de l'entrée en jouissance sans aucune garantie de la part du Bailleur pour raison de la pollution du sol ou sous-sol du Bien révélée par l'étude ci-dessus relatée.

Article 39. Déclarations fiscales

39.1. Taxe de Publicité Foncière

Les présentes seront exonérées du paiement de la Taxe de Publicité Foncière conformément à l'article 1049 du Code général des impôts.

39.2. Salaire du Conservateur des Hypothèques

Option 1 :
Le preneur est un organisme d'HLM visé à l'article L. 411-2 du Code de la construction et de l'habitation ou un organisme ou une collectivité relevant des articles L. 432-1 à L. 432-4 et L.472-1-1 du même code.

Le Preneur requiert pour la perception du salaire de Monsieur le Conservateur des Hypothèques l'application des dispositions de l'article 882 du Code général des impôts qui prévoit la perception d'un salaire minimum de 0,05 %.

Option 2 :
Le preneur n'est pas un organisme d'HLM au sens de l'article L. 411-2 du Code de la construction et de l'habitation ou un organisme ou une collectivité relevant des articles L. 432-1 à L. 432-4 et L. 472-1-1 du même code.

Pour la perception du salaire de Monsieur le Conservateur des hypothèques au taux de 0,10 %, les Parties déclarent que le montant cumulé des redevances et charges est évalué pour la durée du Bail à [..........] euros et que la valeur résiduelle des constructions en fin de Bail est évaluée à la somme de [..........] euros.

Article 40. Déclaration pour la publicité foncière

Une copie authentique du présent acte sera publiée au bureau des hypothèques compétent par les soins du notaire dénommé en tête des présentes et aux frais du Preneur.

Si lors de l'accomplissement de cette formalité, il était révélé, l'existence d'inscriptions, transcriptions ou mentions grevant le Bien présentement loué du chef du Bailleur ou de précédents propriétaires, celui-ci s'oblige à en rapporter à ses frais les mainlevées, radiations ou rejets dans les trois mois des présentes.

Pour l'accomplissement des formalités de publicité foncière, les Parties, agissant dans un intérêt commun, donnent tous pouvoirs nécessaires à tout clerc de l'Office notarial dénommé en tête des présentes, à l'effet de faire dresser et signer tous actes complémentaires ou rectificatifs, pour mettre le présent acte en concordance avec les documents hypothécaires, cadastraux ou d'état civil.

Article 41. Frais

Tous les frais, droits et émoluments des présentes et ceux qui en seront la suite et la conséquence, y compris le coût d'une copie exécutoire pour le Bailleur seront supportés par le Preneur qui s'y oblige.

Article 42. Élection de domicile

Pour l'exécution du Bail, les Parties font élection de domicile à :
- le Preneur :
- le Bailleur :

Chacune des parties sera fondée à modifier à tout moment l'adresse ci-dessus, sous réserve d'en aviser en temps utile l'autre Partie par lettre recommandée avec accusé de réception.

Article 43. Juridiction compétente

Conformément à l'article 7 de la loi n° 2009-179 du 17 février 2009 pour l'accélération des programmes de construction et d'investissement publics et privés, les litiges relatifs au présent Bail relèvent du juge administratif.

Article 44. Annexes

Sont annexés au présent contrat les documents suivants :

Annexe 1 : Délégation de signature
Annexe 2 : Plan périmétral
Annexe 3 : Études de sol et sous-sol
Annexe 4 : Programme de logements sociaux
Annexe 5 : Plan de maintenance (proposition par les candidats)
Annexe 6 : Plan de gros entretien et de renouvellement (proposition par les candidats)
Annexe 7 : Polices d'assurance
Annexe 8 : État des risques naturels et technologiques
Article 9 : Documents diagnostics (amiante, saturnisme, termites...)

Bibliographie

J.-M. Auby, P. Bon, J.-B. Auby et Ph. Terneyre, *Droit administratif des biens*, Dalloz, 2005.

X. Bezancon et Ch. Cucchiari, *Le guide de la commande publique : marchés publics, contrats de partenariat publics-privés, délégations de service public*, Le Moniteur, coll. « Guides juridiques », 2009.

Ch. Guettier, *Droit des contrats administratifs*, Presses Universitaires de France, coll. « Thémis », 2008.

Institut de la Gestion Déléguée, *Partenariats public-privé : Mode d'emploi juridique et approche économique*, La Documentation française, 2006.

Ph. Malinvaud (ss dir.), *Droit de la construction*, Dalloz, 2007.

Mission Nationale d'Appui à l'Investissement Hospitalier, *Le Guide du bail emphytéotique hospitalier*, MainH, 2005.

S. Nicinski, *Droit public des affaires*, Montchrestien, coll. « Domat Droit public », 2009.

Y. Perrot et G. Chatelus (ss dir.), *Financement des infrastructures et des services collectifs. Le recours au partenariat public-privé*, Presse des Ponts et Chaussées, 2000.

L. Rapp et Ph. Terneyre (ss dir.), *Droit public des affaires*, Lamy, 2005.

L. Richer, *Droit des contrats administratifs*, LGDJ, 2008.

P. Sokoloff, *Marchés publics, délégations de service public et autres contrats de partenariats public-privé des collectivités locales*, Lavoisier, 2004.

N. Symchowicz, *Partenariat public-privé et montages contractuels complexes. Analyse et aide à la décision*, Le Moniteur Éditions, coll. « Essentiels Experts », 2e éd. 2009.

Table chronologique de jurisprudence

(Les chiffres renvoient aux numéros de paragraphes)

Index alphabétique

(Les chiffres renvoient aux numéros de paragraphes)

Table des matières

Photocomposition Nord Compo
59650 Villeneuve-d'Ascq

Cet ouvrage a été achevé d'imprimer en mai 2011
dans les ateliers de Normandie Roto Impression s.a.s.
61250 Lonrai
N° d'impression : 11-1902
Dépôt légal : mai 2011

Imprimé en France